新藤英晶

「叱り」「いじめ」「学級崩壊」で迷う教師と親へ

元就出版社

はじめに

三六年間を小学校の学級担任としてクラスを受け持って過ごし（三七年間勤務の最後の一年だけフリーだった。一年生の担任は六回、六年生の担任は八回）、自分の子供も、今、五〇歳を過ぎて、我が家の隣に長男が孫と住み、長女も二人の子の親になっている。

小学校だけだったが学級担任としては長く、教育的父親だったと自負を持つので、両方を合わせて『「叱り」「いじめ」「学級崩壊」で迷う教師と親へ』という題（タイトル）を思いついた次第である。

子供は個人としても、集団としても調子に乗りやすい。それだから子供なのであるが、叱ることはどうしても必要になる。教育において、私は叩くことを肯定しないが、否定しない。私は基本的には子供を叩けない教師であり、父親であったと思っている。しかし、個人としての子供も、集団としての子供も、時に私自身の思惑や、大人として、教師としての常識をはるかに超えるものであった。

教育は大人でもそうであるが、周りを見てそのようになる、ということが非常に多い。

子供は一人ひとりが心の中に三つの欲望（欲求、衝動）を持っている。一つは自己主張の欲望、二つ目は仲間の中にいたいという欲求と仲間の中にいる安心感、そして三つ目は劣等感の苦しみ、不快感というものである。

これらは人のもともと（元素のようなもの）持っている命の欲求に近いもので、非常に強く、深い。命のやり取りにも匹敵するくらい強くて消せない。教育の中で問題児が一人だけならさして困らない。困ることは、この三つから起こってくる作用は、すぐに他へ影響を及ぼし、合体、複合し広がりやすいことである。そして合体してしまうと直らない。

よい子が仲間（みんな）ということでは、簡単に悪い方へ入ってしまうのである（これは逆に言えば、また時が来れば簡単に元へ戻ると言えるかもしれないが……）。

このような衝動そのものは、善でも悪でもないが、この三つの安易な解決への取り組みは、子供の場合、大体よくないことになる。

これらは他の子のそれと簡単に合わさり、複合する。そして即座に増幅し、良い場合でも、悪い場合でもすぐに育ち、大きくなり固まっていく。簡単には道理が通じない状態になっていく。

私が取り上げた、いじめられることで中心になったある子は、クラスの自分の分担の仕事を怠ける。注意されると小学生でも「うるせえ」と言ったりする。体の悪い友達のあだ名を言う。授業始めの時刻を守らない。授業中、音を立てて人の授業の邪魔になる。授業中に遊んでいる。提出しなければならないものを出さない。学校のいろいろな決まりを破る。弱い友達や下級生をいじめる。脅し、ゆすりをする。弱い友達にけんかをさせる。他校の生徒にけんかを売る（自分もやられたり、やらされたりしながら……）。

なぜ、そういうことをするかというと、そうすることが三つの欲望の一つ目の、自己主張の欲望を満たし、自分の心の中に無上の快感を感じるからである（当然、学校の中でやっていること、子供同士でやっていること、という「甘え」のもとに行動しているが）。

悪いことをすることが、なぜ一つ目の自己主張の欲望を満たすかというと、その悪いことを人はなるべくしないからだ。人が避けるから、その避けることを単に自分がするから、そして自分が、それが出来たから、一つ目の自己主張が満たされ、無上の快感があるからである。また三つ目のことに関係して、人の上にあるという安心感が生じる。

併せて同じ要求を持つ仲間の中にいたいという欲望が満たされる場合が多く、一時的にも安心感が生まれる。具合が悪いことには、仲間ということで悪いことをしても、悪い感じが非常に薄れる作用がある。

教師に自分も「うるせえ」と言わないと、自分の劣等感の苦しみになるような働きさえする。教師との人間的な繋がりより、そっちの方がずっとずっと、どの子たちにとっても大事なのであり、よい子にとっても、そっちの方が大事なのである。

この欲望や衝動は何よりも強く、場合によっては親の意図、愛情に応えるよりずっと強く働く（解決法として簡単には切れないが、その友達の関係を切る、ということも一つの手立てとなる）。

この命の衝動に近い要求は、他の子のそれと触れることによって容易に重なったり、繋がり合って大きくなり、育ちやすいという性質がある。これが大勢の子どもたちである。

私の原稿を読んでいただければ分かるように、子供は、その三つのことからの影響力に対して、ものすごく弱い。他の子や出来上がっている仲間からの働きかけや、ありように対して、本人の知らない間にも影響されてしまっている場合が多い（こんな子が……、というのはその場合である）。

この三つのことからの脱却は意図的には個人としては、こつこつと長い努力の継続しかない。これはまた別のことになり、人が一生をかけるような大きなことになるが……。そして私たちが教えたり、相手にするのは大勢の子である、普通の子なのである。勉強も特にはできない、運動も格別できない、という子が最も多く、私たちの相手とする大多数の子なのである。

そして、私が書いていく如く、親たちは子供に対して、このことに関して、やっているつもりでいても、驚くほど無力である。熱心に動いてもまったくピント外れである。

教師集団の働きも、子供たちができてしまったものには、あまり有効には働かない。

いじめの問題は、私の事例の場合、基をつくったのも、一番多く悪いことをしたのも、一番多く悪いことの先頭を切ったのも、いじめられた子であった。そして最後まで執拗に離れなかったのも、いじめられた子であった。

また、いじめられた子の親はいじめる子に、うちの子に手を出すと「殺す」とまで言っても、いじめる子はさほど感じないが、いじめられる子の方は「へたすると（いじめる子に）殺される」というように感じているのである。

指導者としても、子供たちの複合して育った悪い状態は簡単には直らないので、それには

「クレヨンしんちゃん」子供には過激？

インドネシア　放送時間の変更議論

26 9/24

アニメ「クレヨンしんちゃん」は過激？――。インドネシアのテレビ番組を監督している政府の放送委員会（KPI）は22日、同国でも人気の「しんちゃん」が子どもの視聴にふさわしくないとして、放送している地元テレビ局に改善を求める警告を出した。

「しんちゃんはおしりを丸出しにしたり、他人のデートをのぞき見したりする。胸の谷間を強調したセクシーな服を着た女性も登場する。大人向けで、ポルノ同様だ」。KPIのアガサ・リリー理事はそう取材に答えた。

KPIは一部描写の削除や、放送時間を深夜に変えるなどの対応を求めている。だが、放送しているテレビ局RCTIの広報は「どこが問題なのか。放送は今まで通り続ける」と意に介さない様子だ。

「しんちゃん」はインドネシアで2000年ごろに放送開始。関連グッズも売られ、国民に広く知られた人気番組だ。視聴率を調べている民間団体によると、放送のある日曜日の番組の中では「ドラえもん」に及ばないものの、常に人気の上位にあるという。（ジャカルタ＝古谷祐伸）

あらゆる教育手段を使って対応し、あらゆる教育的雰囲気を作って対応するしかない。ちょっとおかしいものでも、教育的と名がつけば取り入れ、協力して対処することであると考えている。

強制を極力避ける今の教育では、強い態勢の力（影響）が絶対必要である。

いじめの場合、いじめられた子がはっきり親や教師に、そのことを言わない、と言われるが自分にも要求（要因）があれば、はっきり言いにくいのは当然である。

私の事例の場合、最初はやられた事情を確かめるために、その子の親が関連したと思える児童の家へ次々と電話をしていると、その子は中心になると思えるいじめ児童の家へ電話をしようとしたとたん、電話番号のメモ用紙をもぎ取って、泣き叫んで家の外へ飛び出していってしまい、父親を驚かせた（六年生一〇月六日）。

しかし、事件が進んで六年生も卒業が近い二月二九日には、父親にほとんど話し、父親はメモに残している。

　また事態がいろいろ進展して校長から生徒指導主任のH教諭に、そのいじめのことを聞き出すように言われて、取り組まれた時（六年生、二月一七日）には、生徒指導主任にいじめられた事態をかなりまで話している。

　私の場合、担任には、いじめられた事実をほとんど最後まで言わなかった。

　当時、私のクラスのことを外に出されることは、私にとって恥ずかしいことであり、そうされたくない心も働いていた。子供たちは、もっと触れられたくないと思っていたはずである。

　基本的には、それらのことは親も子供も、教師も人に言えない面を持つのである。

　かつての「忠孝」のような教育的国是がなくなっている今、道理が通じなくなる子供の多い今、数日前の新聞（我が家の購読紙）に、インドネシアでテレビ番組を監督している政府の放送委員会によって「『クレヨンしんちゃん』は、親を敬することから遠く、過激な言動を売り物にするので、子供の視聴にふさわしくない」と否定されたと報じていたが、私もそのような雰囲気は教育から少しでも離しておくべきことであると考えている。

　また、後述するが、おサル電車のサルの調教に「やさしい顔　禁物」という、おもしろい記事を私は教育資料として持っているが、規律、秩序が教育には必要。形を整えることが、絶対必要と考える。

　私は総体的には「やさしい先生だ」といわれて通ることが多かった自分に最後の反省の一つとして反芻している。

本書が今の教育への何らかの提言になっていれば望外の喜びである。

平成二十七年九月

著者――

「叱り」「いじめ」「学級崩壊」で迷う

教師と親へ――目次

一　私の小学校教師のスタート
――昭和三五（一九六〇）年～

これを書き始めた時、私は六一歳になっていたが、退職後一年と一日目の平成一〇（一九九八）年四月一日、その日より数えて三八年前の昭和三五（一九六〇）年四月一七日、「骨折りに徹するのみ」

「日々死す」（前者は自身で考案したもの、後者は新渡戸稲造著の『世渡りの道』からの引用）

この二つの決意を胸に小学校教員の道を出発した。

前述の「骨折りに徹する」とは、何から何まで、という意味ではなく、とりあえず目の前の、明日の授業を乗り切るための準備を万全にするくらいの、私個人の捕らえ方の言葉であった。

初任校は静岡県東部の三島市立ミナミ小学校、私は満二三歳であった。

最初の頃は、毎日、就寝は午前一、二時で、学校の勤務から帰宅（当時、下宿していた）して夕食を済ませ、入浴後の八時頃から五、六時間の教材研究（明日の各授業の下調べと、それを教える細かな各手順を紙に書いておく）をした。

当初の頃は暖房など何もない仮の下宿であった学校の宿直室で、寒さと眠さと葛藤しながら、その五、六時間の教材研究に集中するのは大変だった。冬になると皹《あかぎれ》や霜焼《しもや》けをいくつも作っているのを、後に結婚（奉職から四年後の三月）した妻が、見てちょっと驚いたのを覚えている。

これで明日の授業は充分やれる、という気持ちが持てるまで、どの時間に対しても、その一時間ごとの流れ方を考え、徹底的に準備した。一日に四時間か五時間の授業を担当する。教える教科、時間の教科書の該当ページに、一時間分をわら半紙を半分にして一、二枚に流れを書き、明日、行なうすべての教科のページに挟んで、授業に臨んだ。こうしておくと、その日一日が楽しい気持ちで、子供たちに接せられた。

しかし、初めのうちは、毎日の教材研究に取り掛かるのに、大げさではあるがそれこそ「日々死す心構え（「日々死す」とは、高校の図書館で見つけた新渡戸稲造著『世渡りの道』に、人は、「日々死す」の決意をもって、毎日毎日生きていくのが、本来の正しい姿なのだ、と説いてあり、私はこれを座右の銘としていた）で、「今日だけ、今日だけ」「今日は打ち死に、今日は打ち死に」（これも新渡戸著の『武士の心掛け』から引用したような気がする）と思って臨んだ。

最初に下宿した三島市立ミナミ小学校の宿直室でも、後の三島市御殿（町名）の下宿でも、入浴を先にしなければならないので、その後の眠さ、寒さに打ち勝つには、ひと苦労もふた苦労もした。

翌日に二時間続きの理科のある日などは、宿直室での各教科の教材研究を深夜の一時頃に済ませ、それから部屋を出て、真っ暗な凍てつく廊下を渡り、日付の変わった理科室で、冷たいガラスの実験機器を用いて理科（六年生）の予備実験を何度も何度も、行なったことを思い出す。

そのような心になり得たのは、教職に就いて、いよいよ仕事を始めるという前に「骨折りに徹するのみ」と、決意していたからだと思う。

今、振り返れば避けたいし、あのような苦労はしたくないものと思う。論語に「楽しむもの、これに如《し》かず」という言葉があるように、楽しみながら一歩一歩、少しずつの頑張りで出来ないだろうか——。

私は「小学校教員生活」と「職業を持って自分の力で生活すること」の出発点を、こんな心掛けでスタートしたのだが、特異すぎて人には勧められない。

小学校の教員の仕事とは、毎日の子供たちと対面して行なう授業が、とても大変なことである。どんなに悪い状態（授業態度や学業不振など）の子供たちでも、私は、何とかやる気を持って授業できるために、学級担任三六年、最後（定年前）の担任のなかった一年を合わせた三七年間は、学校での生活以外は、その日の一時間、一時間の授業を無事行なえるための、教材研究などに没頭し、余裕などほとんどなく過ぎていった。

年を経るにしたがって、次第に短時間で教材研究ができるようになり、同教科、同学年を繰り返す時は、前回のものを整理して、教科ごとにまとめておき、何年か経っても、それを引き出して、作り直した。それでも一時間の授業をするのに最短で二〇分ほどかけていた。道徳、社会、国語、音楽など、力を入れてやりたいものの時は、一時間分の授業の教材研究と準備に二時間、三時間とかかることも多かった。

なぜ、私がそのような決意をし、実行し得たかと、遠因を探ると、一つには高校を卒業する一九歳の春に、劣等感の苦しさに押され、以来、今でも続いている毎朝の冷水浴にあると思う。

高校の図書館で見つけた、やはり新渡戸稲造の『修養』の一文に「継続心修養法としての冷水浴」というのがあり、それを私も何度か決心して、高校卒業間際の三月から始めて、その後一年間、毎日欠かさず行なったことが、実行力をもたらしたと思っている。

その『修養』の中に、新渡戸のような偉人でも、出発の動機に劣等感があることを読んで驚き、勇気づけられた。しかし、最初は就寝前に明朝のことを考えると、それこそ大変な決心をした（実行までのひと月くらいの冷水摩擦の期間や、暖かい間の冷水欲がひと月くらいあり、試行錯誤を重ねて決意が固まった）。

私が劣等感を強く感じ始めたのは、高校一年ぐらいからである。子供の教育に熱心であった母の影響もあり、中学三年まではよく勉強したが、高校に入学してからは熱が入らなくなった。優れた父と秀才の弟、そして世の中に対して、強く劣等感を持つようになった。自分を向上させ、立派な行ないをするには意志が弱く、臆病であると思っていたことが、冷水欲を始めた切っ掛けである。今も「弱き心に打ち勝ち正しき行ないをなさん。弱き心に打ち勝ち眼横鼻直（当たり前のことで、人に迷わされない真実を指す禅の言葉）の行ないをなさん。弱き心に打ち勝ち善き行ないをなさん」と念じて、冷水欲を毎朝、毎朝、欠かさず実行している。

劣等感というと、中学生になってからの私の性の悩みも、その一因になっていた。

氷の張る夜明けに、北風の吹く外で冷水をかぶることは、やり抜いてから自分に自分で驚いているが、決心を継続して一日だけ、一日だけと思って続けていくと、二年、三年と経つと、さほど苦痛を感ぜずできるようになるものである（その後、平成二三年、高血圧症になる七四歳まで毎朝、励行した）。

授業前夜の教材研究も、初任校三島ミナミ小学校の初めの頃、あまりに大変で手抜きをしかかったことがあった。しかし次の日、子供たちに対して「いやだなあー」という気持ちが起こり、「これではだめだ！」とすぐまた、しゃにむにやる方法に戻したことが一度だけある。

その後、だんだんと教材研究は短時間でできるようになり、退職する前の頃は、教材の内容によっては、これで良いと思えるようになるまで徹夜をする時もあるが、一日三時間程度の教材研究で、状態の悪い子供たちでも、やる気を持たせられるようになっていた。

教員になって三年目の昭和三七年に、父が『生活の中の禅』（田中忠雄著）という本をくれた。その中の道元の詩の一節に、

「大道は従来一実（一実を私は、何でも誠意に基づく実行であると受け取った）より通ず　蓬瀛《ほうえい》（極楽）何ぞ必ずしも壺中《こちゅう》（中国の伝説の仙人が夜になると、持っている壺の中に入って、極楽を過ごしていた）のみにあらんや（つまり、大道という自由自在の心の境地は、どんなことでも実行ということに徹底することから通ずるのである、と私は解した）」

この「大道は一実より通ず」が、その頃の苦しい時の呪文のようになり、「大道一実より通ず」「大道一実より通ず」と唱えながら、教材研究に取り掛かったものである。

教職に就いた四年目に痔の手術をした。冬休みをかけて入院し、休み明けには退院できるようにしたが、退院が遅れ、退院してからも通院し、熱のある状態が続いた。授業が始まり、いきなり従来の教材研究を行なうのに抵抗はあったが、それで体がどうかなるのなら仕方ないと、がむしゃらに自分を捨て、教材研究を復活させたが、いつの間にか体調は戻っていた。

その頃、ミナミ小学校の同輩の女性教諭に、「それで、どこまで続くかが問題よね」と言われた。初めのうちはやるんだが……、の意味であったと思った。

私の場合、初めだけでなく、そのまま退職した年の平成九年三月一五日土曜日、リュウヨウ小学校四年西組の出入り（担任でなく入る授業）の書写の授業一時間分まで、内容や質的には変わりながらも、この教材研究は三七年間続いた。

もっとも日曜や祝日の前日は教材研究がなく嬉しかったし、教員特有の春、夏、冬休みは授業がなく、前夜の教材研究もしなくてよいので本当に嬉しかった。

また、同じミナミ小の二年先輩の女性教諭に、私が毎日、毎日、夜になると自分を捨て、戦いながら長時間の教材研究をして、次の日の授業に臨んでいると話すと、

「どうしてそんなことをするのよ。そんなにしなければいけない理由がないんじゃないの。どうしてそんなにするのか（理由を）言わなければ、私はしない」

と言われたが、私にはその答えをうまく言えなかった。「ただするだけ」というような答えしか言えなかったように思う。今なら「劣等感の苦しみと、思うように授業のできない教える子供たちに対する不快さを消すため、やらざるを得ないのだよ」と説明し得るかどうか。

教材研究をしなくてよいのは土曜日の夜、祝日の前夜、春、夏、冬休みであるが、始めの頃は土曜の午後から日曜の昼間だけ気を抜いたが、日曜には受け持った子供たちが遊びに来ることが多く、魚釣りや山歩きをしたり、時には映画に連れて行ったことも毎週のようにあった頃もある。しかし、これは自分の子供が生まれて歩くようになると、大勢の子供が我家へ押し掛けてくるのは、妻にも抵抗があったようで、子供たちが遊びに来たり、どこかへつれて出かけることはその後もあったが、九年目くらいからは、特別の時だけとなった。日曜日は、毎日の帰りが遅いうえに、自宅では教材研究だけで精一杯になるので、週日にはできない成績の処理、学年便り、研修のことや雑務を片付けることで終日、机に向かっていることが多かった。

教材研究も初めは無理にやったり、居眠りをしたり、無駄な時間が多く大変だったが、六年目くらいから教材研究が楽しくなってきた（一年、二年と続けているうちに苦痛がなくなり、やること自体が楽しくなってきたというのは、先述した冷水浴と少し似ていると思う）。

教員七年目には子供が生まれたり、一人暮らしだった父が脳溢血で半身不随となり、自宅での看病が始まった。子供たちも小さく世話がかかり、体重の重い父の扱いはほとんど私がやったので、夜は教材研究がやりにくく、早朝にするようになった。毎日の寝不足をおして午前二時、三時に起きるのには難儀した。それこそ「大道は一実より通ず、大道は一実より通ず」と念仏のように唱え、取り掛かる日の繰り返しであった。

起床からトイレ、朝食、出勤にかかるまでの時間に、その日教える全部の教材研究や用意が出来切るかと、時間と競争でやっている時は大変であるが、やり終えて、すっかり用意が

できると気持ちはとても楽しく、その一日が過ごせた。教えている子供に、

「新藤先生はいつも明るい顔をして教室に入ってくる」

と言われたが、自身もそうだと思った。

教員になって六年が過ぎ、二校目の三島市立サカ小学校に転任した。その頃、教材研究をしながら思い至ったのは、「追うのも自分、足りなくするのも自分」ということである。

これは明らかに、自分のためにしているのである。人のためにしているのではない。毎日、毎日自分の楽しみを捨て、四時間、五時間と、眠さや寒さと戦ってやっているが、明日の楽しい気持ち、自由な心を穫《と》るためであって、他者のためではない。

そして、どれだけやればそれを穫れるかを決めるのも、自分に因《よ》る。やればやるほど足りない感じも先へ行くのであるが、自分が教壇に立った時、いやな気持ちをなくして、やる気をもってできるには、どれだけやれば良いかを決めるのも自分である。その限度は自分を許せるかどうか、自分を捨てることによって自分の中に生まれてくる。

教員八年目、三島市立サカ小学校の校長は私を見て、

「異様な努力でなく、良い教育の方法を考えたい」

と言ったが、私も後から思い出して、当時の頑張りを二度とできないと思える。しかし、健康を損ねず、むしろ人より元気で過ごせたのは毎日、「その日こそ、その日こそ」と意気込んで一日一日を送ってきたから、精神的な元気さが体の健康を支えてきたのではないかとも感じている。

一〇年目に勤めた学校で校長が、

「自分は劣等感に苛《さいな》まれてきた」

と、何かの折に冗談めいて職員に言った。私はこの言葉に、自分が出発した頃に感じたものを、他の人にも感じさせられたものであったが、優れた人や秀《ひい》でた業績を素直に喜べず、苦痛や心の自由を失くしたりする、ひがみや嫉妬は、六〇歳も過ぎ、社会的地位を得た人にもあるようだ。

今の私にはそのような感情はまったくない。自分としてやるだけやった、限界まで精一杯、毎日、毎日やって三七年を過ごしたと思えるからだ。

それについて思い出すのは、元軍人だった父が、私の長男が生まれた時（教員六年目、二八歳）、孫に書き残しておくと言って、「老後を顧みて、自己に恥じざる世を送れ」と赤鉛筆で箱の蓋《ふた》に書いた。そしてその箱に自著の戦記や原稿の一部、自分の武功記章、私の早く亡くなった母の書き物などを入れて、私に渡した。その時、今の自分こそ、その言葉に当てはまるものだと思ったものであるが、退職した六一歳の今もそう思っている。毎日、毎日、最善を尽くしてきたのだから、過去を悔いることはあり得ない。

前述したが、私はその日の一時間、一時間の授業の流れを紙に書いて教科書に挟んでおいた。そしてそのページを開いて、その紙に従って授業を進めていた。子供は目で見せる具体物があると生き生きするので、挿絵などを大きな模造紙に描いて、黒板に張り出して使うことが多かった。どの時間の、どの教科にも一枚以上用意して、大いに活用した。

そのやりかたについて、私が授業を発表することになった時、三島ミナミ小の二年先輩の教諭に、

「新藤さん、書いたものを見ながらやっているじゃないか」

と言われた。私は、

「見ながらでないと、できないので」

と答えたが、これがいつものやり方であり、最善の方法であると確信していたので、人に見られても、そのままで良いと思っていた。これはずっと続き、退職までこのパターンであった。終わりの頃は、一単位四五分の時間配分も必ず記入していた。

教職一二年目（三四歳になっていた）の時、授業研究のため社会科の指導主事に、私の授業を取り立てて見られる機会ができた。授業の後、指導主事が、

「指導書（教師用に教科書類のある教科についてはすべて一時間、一時間の流し方まで書いてある解説書）に書いてあるやり方と一緒だ」

と言った。つまり、自分の工夫でなく人まねであると言うのである。しかし毎日、毎時間同じことを教えることのない小学校教師として、私としては教師用指導書、教科書、その他の関連資料を、すべて授業時間分、必ず眼を通し、理解、把握、消化して工夫を加えて、授業に臨むのに精一杯であり、常日頃の姿であるので、何と言われようと、それで良いと思えた。

人（教員同士）に授業を観察されることは、ふつう先生たちは非常に苦にする。素人の父母に、参観日に見られることはごまかしができるのでやるが、教員同士となると、教職員組合の強かった三島市の先生たちは、授業を教員同士で見合って研究することを、何としてでも避けようとする人が多かった。自分のためにも、みんなにとっても良いことであるのに、

醜いまでも逃げる人が多かった。

自分の毎日の授業については、それだけ自信が持ちにくく、人に見られて良しと思えないものである。理由は後述するが、浜松市など私が後年勤めた県西部の先生は、避ける人は少なかった。番が来れば授業は下手でも公開していた。このことは我良しと、自分が認め、天が認め許してくれる。つまり自分を相手にして、自分を捨てないと、自由な気持ちが生まれず、避けていると劣等感に追われ、拘泥されることと関係するように思う。

さて、三五年前に出会って以来、自分の課題のようにしてきた道元の「大道は従来一実より通ず」についてである。

「大道」という言葉に惹《ひ》き付けられたが、自分のようなものでも、できれば分かってみたいと思った。一実の「一」とは、あれもこれも、あれやこれやというのではなく一事に徹することである。そして「実」とは、実行とか、誠実とかいう意味であると、『生活の中の禅』の著者、田中忠雄も説明していた。すると私のやってきたことは一実、または一実に近いものであるはずだ。

道元和尚は一実とは、自分が言い、徹底して実行し、人にも勧めてきた座禅のことを含めていることは確かであるが、和尚の言う大道というものが何であるか、どんな境地であるかは、一実をやり抜いたら分かるはずである。一実の中には即座、短期のことでも、誠実さと実行の中には、大道に通ずるものが含まれているようにも思えるが、私は一実を続けて実行しているうちに、だんだん開け、どんどん確かになり、すっきりはっきりしてくるものと受け取った。

三七年間、書いてきたような実行を続け、今、大道にいささかでも通じたかというと、道元の言う蓬瀛（極楽）にいるほどの感じはもちろんしない。また、田中忠雄の著書に中には、大道に通じた人は、生死の境目に遭っても、びくともしないというようなことが書かれているが、とてもとてもそんな確かな心持ちからは遥かに遠い。そして大道という人の心で感じられる真理のようなものを摑んだ、分かったとも全然思えない。

ただこれだけは言える。人を羨む心がない。ないというより少ない、あるいはこれから起こるかもしれないが、今のところはない、これはこの年齢でそのようなものに苦しめられても仕方のないものだから。それがないことは自分の心だけのことだが幸せに思える。

また、本当に優れた人や、その事績を見て劣等感を感じるということも、ほとんどなくなった。むしろそれらに触れることが嬉しい。自分のものが増えた、人の優れていることを自分が優れているように喜べる。

「教員の仕事を通じて本当に大道は一実より通じたか」について書いた最後に、自分が教えたり、担任になった子供たちはどうだったかに触れておく。再三書いてきた教材研究のせいで、どんな日でも、どんな状態の悪い子供たちにも、何とかやる気を持って授業に臨んだから、概して私のクラスの子供たちには楽しく、よく分かるし面白いと評価された。

三七年間の中には、自分の考えや状態にもいろいろな時期があるが、子供たちに概《おおむ》ね寛容で優しく、叱らず、怒らず教え得た。そして新藤先生は「優しいし熱心である」と、親からの評価もあったと思う。しかし、子供は良い子（概念が曖昧であるが）になったかというと、言い切る自信はない。

良くも悪くも子供そのものであり、もっと広く大きいものに決められているという感じでいる。私が若い頃から一貫して指導の中に表わしてきた親孝行（道徳では「父母の敬愛」と言ったが）や励み、公徳心、祖先を敬うなどはどうなったかは、よく分からない。

六年生を受け持った時、集団万引きが起きて、その対応でクラスが冷たい雰囲気の中で卒業式を迎えたこともある。四年生のクラスで万引きが次々出たり、六年生のクラスの女の子たちが、みな言うことを聞かなくなってしまったり、六年生の男子がボスの言うことだけ聞いて、教師の言うことをさっぱり聞かなくなってしまったのは、退職四年前のことである。

その時のクラスの半分の女子は、私が担任した中では最も良い子たちだったと思っているが、男子は、平成一〇年六月一九日（金）、NHKで放映した「学校・荒れる心にどう向き合うか①・小学校編」の子供たちとそっくりの様子をしていた。ただ原因は、一人のわがままなボスと、それを取り巻く数人の仲間に学級の男子全員が動かされてしまったことにあった。

教えた子供たちについては、これだけやって、こんなになってしまったのかと、非情さと無情さに打ちのめされたり、退職四年前の六年生の時など、これでは教師失格と感じながら、辞めることもできず、一年半を頑張り続けたことも強く頭に浮かんでくる。

一生の大部分を過ごした職業として思い出す時、「何の商売でも、命がけでないものはない」と言った軍人商売であった父の言葉とも合わせて振り返っている、この頃である。

二　自分の他の事例と反省

昭和四九年、私が教職一五年目で浜松市立K小で四年生として受け持った藤井和男は、私がK小学校三年目の、二年生の受け持ちの時、昭和四六年に一年生に入学し、一年生、二年生をY・K教諭が受け持たれ、三年生でY・S教諭、そして四年生で私が担任となった児童であった。

一年生の初めから特別の子として、担任が普通の指導が出来ない子として扱われてきた。私は二年生を受け持った後、一年生、二年生と持ち上がり、次年度もまた一年生の担任であったので、二年生の頃のこの子の教室も近く、見る機会が多かったが、担任に「かずちゃん、かずちゃん」と初めから他の子とは区別して扱われていた。

私が四年生で和男の担任となった五月半ばには、クラス全員の知能検査も行なわれているが、和男は成績下位の子の一般的な数値で、特殊学級の子のように測定不能ではなく、また身体面でも充分に条件が整っていた。

しかし、私がそれまで他のクラスの子として見ていた和男は、一年生の初めからどうしようもない特別な子として扱われ、三年生になり担任がベテランの男の教諭に変わっても、そのまま引き継がれ、四年生で私が担任になっても、勉強道具は揃わない、みんなと一緒に行動しないで、いつもふらふらと一人で別行動をしていた。

私はかねてから、知能でも身体面でも出来ない子ではなく、周りによってそのように育てられ、作り上げられてきてしまっている子と見ていたので、新年度六日目の、四月一一日（木）の五時間目、短距離走の授業の時、順番がきてもふらふらして自分だけ走ろうとしない和男に、腕をつかんで「足があって、力もあるのになぜ、走らないか。走らないなら走るまで打つぞ」と言って、尻をばしばし平手で叩いた。和男はびっくりした顔をしていたが、泣き声と共に突然走り出し、みんなも走った三〇メートル先のゴールへ全力で走りこんだ。

この日から毎日、私は和男を放課後に残して少しずつ、明日の予定を書かせるとか、簡単な勉強を教えるとか、毎日手をかけていった。和男は初めから特別無理をしなくても、まずまずのことをしたがってきた。

それから二か月ほど後の六月八日の私の記録には「和男は教科書をみんなのように始業前に机上に出すようになった。帰りの会で明日の学習予定の計画帳を書くことと、毎日の勉強道具をきちんと持ってくることが出来るようになった。書く力、読む力のために一、二年の教科書と書き方ノートの支度をしてやる」と書いている。また「一〇月一二日、ぶらぶらして自分では何もしようとしなかった和男が、次第に自分の力を出すようになってきた」「一月一八日、①筆入れの中がいつも整っている。②板書を自主的にノートへ写す。③明日の予定の計画帳をみんなと一緒にその時間に書き始めるようにする、の三つのことを定着したい」のようなことをノートに書き残している。

和男が一、二年の頃、ひらがな、かたかな、漢字を書くことの指導をまったく受け付けなかったし、指導されなかったことと、九九《くく》がまったく身についていなかったのは、ずっと大きな学習の障害になってしまっていた。

私はこの年度で、一校六年間の小学校の勤務期限になり、次年度はH市立E小学校へ転任したので、その後の和男の様子は分からなくなったが、五年、六年は転任してきた女性教諭が受け持ち、みんなと同じH市立N中学校へ進学したということであった。

私はこの和男がその後どうなっていったかに、ずっと関心を持っていたので、担任を離れた七年後の昭和五十六年（和男が中学を卒業して一年後）、私はN中に行き、こういう特別の子をK小で受け持ったが、その後、中学でどうなったか知りたい、と尋ねた。

幸い和男を一年で担任したI教諭と、三年で担任したY教諭が出てくれて、「この子か」と名前を何度も聞き、私の話した和男のイメージと違うような感じだが、違う子ではないかと写真を持ってきて、やっと間違いないことが分かった。

I教諭もY教諭も、和男についてのコメントは一致していた。それによると、

「学習能力が低くまったくついていけない（数学の面では、九九すら満足に言えない。指導要録より）。

—素直ないい子だ。人に迷惑をかけることもない。

—人に馬鹿にされるというほどの子でもなかった。

—ゼロ戦や軍艦のことでは、右に出る者がなかった（当時、中学生にプラモデル作りがはやっていた）。

―よく教師に話しかけてきた。

―自分で釣ったボラを職員室に持ってきたことがある。

―人懐《な》っこく、職場に行っても好かれるだろう（中卒後、小さな工場に就職した）」

学力の面では中学でもまったくついていけなかったが、周りに迷惑をかけ、友達に馬鹿にされ、人との協調性のまったくなかった小学生の頃の和男と、全然イメージの違う言葉が返ってきたのであった。

この藤井和男は一年生に上がる前の親の、かまえがまったくいい加減であったのを受けて、一年生二年生連続の担任のY教諭に、あまりにも度外れた生活、学習態度の身についていなさに、始めから特殊な子として扱われ、三年生の男の担任になってもそのまま引きつがれて学習も生活も軌道に乗せようと努力されなかったことから、私が受け持った四年生の初めの状態で来たのであった。

三　ボスといじめの発生、学級半崩壊の初め
――平成四（一九九二）年、五年生

私はこの年までに六年生を八回受け持ち、そのうち四回は五年生からの同じクラスの持ち上がりであった。私の場合、六年生になると反抗する姿勢の子が出てきてうまくいかなかった例が多い。

その反省から四月三日（金）一三時から行なわれた新五年生職員の第一回学年会で、五年生の経営方針について、私は学年主任として次のように話した。

二年間受け持つつもりで、その六年生になった時の基礎をつくるつもりでやりたい。六年生になっても素直さのある子供たちを育てていきたい。そのためには、努めて怒鳴りつけたりしないで根気よく待つ姿勢を持つようにしたい。問題行動には、その原因を見つめる――そして工夫するようにする。道徳の時間を大事にしたい。その他、あいさつ運動や友達同士、「さん、君」をつけて呼び合えるようにしたいことなどを話した。

四月八日（水）一五時より全校児童を下校させて、平成四年度の第一回の全職員による職員研修が行なわれた。全体での話し合いの後、全校職員四三人を国語科、生活科、道徳の三

つの窓口に分けて具体的に進めることになり、私は道徳に所属した。道徳のパートの重点目標は「広い視野に立ち、暖かい心を持った子を育てる」となった。

四月一三日、月曜日に毎週、週の学級の記録や自分の指導の反省や、指導上の意見などを書いて校長に提出する「週指導案簿」の記録欄に、私は次のように書いている。

（現在書いている私の以後の記録は、この週ごとの週指導案簿の記録によって思い出したり確認したり、記録そのものを載せたりしていくことが多い）


ことしもよろしくお願いします。

今年度の道徳の研修の方向で、短い時間でしたが部別研修の時間にかなり深まりのある話し合いがなされました。

根本は子供の現実ということから出発し、そして先生方の道徳の授業が現実ということから出発せねばならないと思います。

子供たちの現実は、六年生を卒業すると、その小学校の先生を道で見かけても、あいさつをしないで行ってしまう子が少なからずいるということであり、中学校の卒業式には、式の中で爆竹を鳴らすようになり（これは隣のS中学が荒れていて、この三月の卒業式であったこととして報告されていた）、親に対して友達のような言葉遣いをするような子が少なからずいるのが現実です（私は自分の道徳の指導の中心に父母の敬愛＝親孝行を置き、子供たちにもそのように指導したので、最近のそのような傾向が大変気になったので挙げた）。

先生方の授業の現実は、道徳はふだん、先生方にとって他教科に比べて子供を意欲的に取り組ませることが難しく、他の教科や学級の行事に代えられたり、あまり力を込められて行なわれなかったりして、うまくこなされていないというのが実態です。先生がその授業を好み、その授業で子供に期待し、力を入れてたくさんやるということで、授業の効果は出てくると思います。道徳は先生方にとって、そうなっていない場合の方が多いと思います。

私は次の三つのことが、今年度の道徳部の研修のテーマにはよいと思っています。

①子供を思いやりの心がある、優しい心、素直な心の子にするには一時間、一時間の道徳の教材にどういうものを多く取り入れるか（道徳教材として副読本が市で取り入れられていて、それをベースにした年間計画をも作成されていたが、私はその副読本からも取り入れ、自作も混ぜてほとんど自分で探し出し、自分で作った計画でやっていた）。

②子供に「自分でもやれそうだ、やりたい」という気持ちを起こさせるには、中心発問をどのような言葉で置くとよいか。

③授業の基本的な流れは、どのようにあればよいかの把握。

これに対してG校長は、赤ペンで次のように書いてくれた。

●学年の指導や新採用者への指導をお願いします。

●昨年に続き校内研修の窓口の一つとして道徳を取り上げました。児童一人ひとりが道徳的価値に目覚め、実践できるようにしたい。

私は五年二組の子供たちに対して、週一時間の道徳の授業を最も大切にし、ていねいに行ない、道徳の授業を力にして子供たちの内心を動かしていく核にするつもりでいた。善い子供たちを造る中心になるものが道徳の授業で、道徳の授業が私の教育の理想を多少でも具現していくものと考え、六年を卒業させるまでの二年間、力を込めて実践した。しかし、五年二組の男子は私が思うのと、だんだんと逆の方向になり、六年生の卒業時には最悪となって（表われとしては）終わった。私の記録は、実際にはその悪くなっていく過程を表わすようになってしまっているが、その頃、道徳の授業にも私は大きな期待を持っていた。

四月一三日（月）の「週指導案簿」の記録欄には、次のようにも書かれている。

今年度の私の、根本的な大きな方針は、「六年生の最後の段階になっても素直な感受性と、感激のある子供を育てる」です。

そのために私は、第一に、待つ姿勢を自分の中に大事にしたいと思います。急いで形をつけ、急いで思うようにしてしまおうとしないこと。あの手この手と何とかいろいろな手立てを考え出し、怒らずにねばりたいと思います。ひとまずは、時間に任せて打ち切るということも大切かとも思います。

道徳や学級指導や、体育の授業は、うんと大事にていねいにやっていくつもりです。

それから高学年として、学級会を大事に育てたいと思います。そのためには計画会をきちんとすること（教師もなるべくそばで聞いているようにして）。各自子供たち自身一人ひとり、学級活動の用紙をいつも持って臨むようにさせること、など考えています。そして自分（教師）のやりたいことはなるべく、すぐなることを望まずに、確かさを狙う。自分のことでないこと、人のこと、人に関わること（他教師に関連すること）にはすぐに手を出し、先にやるように心がけたいと思います。

このように今、読み返しても、私も張り切った、意気込んだ気持ちでいっぱいでいた。また、四月二〇日（月）に出した五の二学級だより「はげみ」の一号には、次のように学級の父母に向けて書いている。

五の二学級だよりの第一号をお届けします。これから一年、学年だより（月一回）の合間に、学級としてお知らせしたいこと、ご連絡したいことなどを載せていきます。題「はげみ」は、校歌の二番の「……学びにはげむT小学校」から取りました。「上級生らしく、しかし、素直さのある子」が五の二でぜひ育てたいと思う児童像です。そのためには、はげむ心を忘れてはいけないと思いますので、「はげみ」と命名しました。一年間よろしくお願いいたします。

四月二八日（火）より五月一日（金）にかけて家庭訪問があった。この時の親との会話の中には、特別な兆候はなかった。うちでテレビゲームをしている子が多く、その時間が長い傾向にあること、学習塾へ通う子が次第に出ていること、夜寝るのが次第に遅くなる、口答えをする傾向が強くなったことなど、五年生になった初めの時期の子供として一般的なことであった。

四月二八日（火）は、後にいじめの中心となり、学級崩壊の基を作った山谷次郎の家のあるT町が家庭訪問の日であった。

次郎の父親（四四歳）は、地元の大手メーカーに勤めていたが、次郎が五年生になってから、国外に勤務地が変わり、正月など特別な時にうちに帰るだけになった。

問題を起こしている期間中もずっと国外にいた。したがって父親と会話を交わしたのは、六年生の八月に帰宅した時と、問題が父母もからんだことになり、母親だけではすまなくなって、中心の次郎の父親も来てもらわねばならないということになったので、国外からわざわざ帰ってもらった時の二回であった。

母親（三九歳）は共稼ぎで、医療関係に勤めていた。週に何日かは残業があり、遅い帰宅であった。

姉が二人いて、上は一八歳、会社員、下は一四歳、中学三年生で、少し年の離れた二人の姉の下に出来た男の子であったということも、この子の後のような行動、性格に関係があるかもしれない。

次郎の家の指定時間の二時一〇分から二〇分までの一〇分間の話し合いで母親から「以前の担任から、うちの子は友達をいじめる傾向があると言われていたが、友達関係はどうか」という質問を受けた。

私はこの時期では、後に現われてくるような集団的ないじめなどもなく、他児童への暴力もほとんど気づいていなかったので、「そういうことはありません。準備係（各教科の教材の準備、片付けの係で五人）の仕事など協調的によくやっているし、みんなと仲良くやっていますと答えておいた。母親は今まで悪かったのでと言って、大いに安心したという様子を見せて喜んでいた。

その頃の次郎について今思い出されることは、学年ごとの担任引き継ぎで受け継いだ「生徒指導個票」の三年生の時の、担任のH講師の記録に、この児童について、

「平成三年度11／8　友達の筆箱が机から落ち、それを拾おうとするとわざと蹴飛ばす」

ということが記されていた。

この時期で一つ私が気づいたことは、体育館で何かを行なった折、三年生、四年生と同じクラスで家も近く、遊ぶ仲間である原川留雄の耳を激しく引っ張って、耳の付け根を少し引きちぎるということがあった。たとえよほどの怒りに駆られても、小学生がそんな乱暴はしないので、ひどいことをする、という印象を持ったことがある。

しかし、私の特異な体験の基をつくった次郎は、学力は中位であったが、この時期は授業では後に挙げる本山一男と同様で非常によく発言した。授業態度も一男ほど悪くもなく、私の得意な社会科の授業などでは、とても気の利いた発言をし、授業を進めていて大変嬉しかったのを覚えている。

私は長くたくさんの子供を受け持ったが、次郎は普通ではやらないようなひどいことの出来る子で、自分の友達でよく遊んでいる仲間なのに、自分の子分の一男や留雄にけがを負わせることが多かった。先に挙げた留雄のこと以外でも、私がたまたま見かけたことだが、一男の頭を板の間にぶつけたり、寝た姿勢の一男の上へ飛び降りたりしている。

私はこれを、次郎が二人の姉の、それも離れた年齢の下に出来た一人だけの男子で、父母の次郎に対するかわいがりを、姉たちもまだ幼かった頃にねたまれて受けたものが、この子の性格に影響を与えたのではないか、などと推察したものであった。

山谷次郎の一番の仲間に自分からなりながら、いじめられる中心となり、さらには自分より下位の留雄などをいじめるようになり、次郎と一緒に学級崩壊の基となっていった一男の家庭訪問は、親からの連絡で翌日の最初に入れることになった。

「家庭訪問の件ですが、仕事のため勝手を言って申し訳ありませんが、できればもし次の日でしたら【4／27（月）、4／30（木）】3・45頃までにすませたく存じます」

このような訪問予定変更の連絡をしてきた本山一男の母親は、数校の学習塾の講師を週に何回かしていて、夕方から夜にかけて不在の日が多かった。

父親は県内に勤める会社員であった。一男は長男。前担任より問題児として引き継いだ。下に小学校三年生の妹がいて、こちらは勉強もよくでき、しっかり者だと、その前担任から聞いていた。

家には祖父母がいて、両親が留守がちなので、この祖父母と食事をしたり、身の回りの世話をされているようであった。高学年になって学習や生活のことも、祖父母の手に負えなくなってきて、母親が次第にそれらのことに手を出さざるを得ないようになってきたようであった。

私は訪問で、一男については、学校ではよい発表をするし、あいさつも大変よいことを主に話した。

家庭訪問に先立って、四月一二日になされた「家庭調査」には、直したいことと、受け持ちに話したいことに、一男の家からは「自己顕示欲がありすぎて自己中心となること」（希望）として「何事も落ち着いてやれる子になってほしい」と書かれていたので、そのことについて私は、学校のよい方の表われと結びつけて肯定的に話をし、注意することとしては、けんかが多いことを話した。

一男は、身長は男子一七人中一〇番目、体重はやや重く上から四番目であったが、体力的にはスポーツテストでクラスの下から三番目で、体育の成績は三段階評価で、中位の2であった。しかし、実質的な運動能力や体力では最下位であった。

運動能力抜群の山谷に執拗についていき、体力的に同等の者には、しつこくちょっかいを出したり、いじわるのような手を出す一男の姿勢は、今思うと、引き継いだ時の特徴としての前担任から、「プライドが高い、自己主張」という言葉や、家からの「家庭調査」の性格の欄の「自己顕示欲がありすぎ」などの記入は、裏返すと、劣等感の反作用だったとも思っている。

知能は中くらい、学力（主要四科目）の総合評価も中くらいであったが、授業中はクラスで最もよく挙手、発言する方であった。私が最も力を入れていた道徳（週一回）の授業など、一男の発言で活気づけられたり、格好づけられたりもしていた。

ただ、後になるほど必ず足を机の横に出していたり、机と椅子をひどく離したり、座ったまま勝手に発言していたりで、態度は悪いのだが、授業では教師の言うことをよく聞いているし、こちらが期待していることを発言するので、注意はするものの、本気でとがめたり、やめさせようとは私もしなかった。

この頃は深く考えもしなかったが、このことが後の「新幹線列車」のことなどにも繋がり、また山谷次郎と一男との人間関係に繋がる、大きな崩れの基をつくっていったのかもしれない、と今の私は反省するのである。

五月六日の週指導案簿の記録欄には「私は今、教育の中で最も重んじることは、子供との間の信頼感であると思っています。子供が本心（本音）から言うことを聞いているのが、真の教育であると思っています。また本心から動かさねば、教育の本当の働きではないと思っています。私はいつもそこを見て、そこを大事にして仕事をしていきたい」と書いている。

とにかく、私の教育上での願い事については、急いで思うことをしてしまおうとせず、いろいろ手立てを工夫し、根気よく、良いところは伸ばし、短所は注意深く正していきたいと考えていたのである。

私が前述の「本心から動かさねば……」は、一男の授業態度も念頭にあったわけだが、本心はどうであれ後日、私はこの子に煮え湯を飲まされることになった。

その時のG校長は、私の週指導案簿の記録について、

「心や人柄づくりはどっしりと気持ちを据えて指導に当たることが大事だと思います。先生の言われる『急いで形をつけないで、指導の工夫として取り組むこと』の大切さを教えられます。

児童一人一人の実態を見たり、教師の願う児童像をしっかり持って取り組んでいただければ、毎日少しずつ児童は先生の考えている方向に近づいてくると思います。このようにして

伸びてきたものが本物かと思います（時により急いで指導することも必要ですが）」

と添え書きしている。

このG校長は、T小学校校長で退職した先生だが、以前は中学校の勤務が続いたようで、ある時に雑談で「中学校で問題を起こした生徒が私のネクタイを摑んで向かってきたことがあって、放課後その生徒のうちへ親との話し合いに行ったところ、食事が用意されていて、やむを得ずごちそうになってしまったことがあるが、それはまずかったよねえー」と話されたことがあった。

中学校でG先生も苦労されたなー、と思ったが、そういう苦労の経験がある先生だからこそ、私の学級の問題で、ていねいに細かく対応し続けていただいたのだと、今も思っている。

また、五月七日（火）に出されたPTA新聞の学年主任としての言葉に私は、「伸び伸びとしてよい子たちを受け持って、みんな（五年生のその時の学級担任全員を指す）張り切っています。

上級生になっても素直にものを受け止め、素直に感動できる子を育てたいと思います。そのためには、一人ひとりの道徳性を粘り強く注意深い配慮で、大事に大事に育てていくしかないと思います。ご家庭からの力強いご協力をお願いします」

と書いている。

このような姿で、いよいよ学級がスタートしたが、五月一一日の週案簿に「鈴本太一は落ち着きに極端に欠けるので根気よく指導していくこと。ただし、運動を褒《ほ》めていきたい（太一は運動能力に優れていた）」と記録している。

T小学校は防音装置が施してあるが、新幹線の線路が北側二〇〇メートルほどのところを校舎と平行して走っていた。列車が轟音を立てて通過するたびに、三階の五年二組の教室からは当時走り始めた「のぞみ号」などの通り過ぎる姿が見えた。

鈴本太一は授業中に音がすると、「あっ、のぞみ」と言って立ち上がってのぞくのが常で、何度注意しても繰り返した。太一以外にも、この行為を真似る者が数人いて、この日の記録に、

「……五年二組は落ち着きに欠ける者がこの学力遅進児に多い。（学力遅進児として挙げた）太一、原川留男、仁藤忠典に加えて山谷次郎、本山一男、この二人は（いじめ、いじめられの中心人物として家庭訪問のところで特に挙げた）、村木利久、平田正典である。しかし、根気よく、良いところを伸ばし、短所を注意深く根気よく、正していきたいと思います」と書いている。

九年間、静岡県東部の小学校で勤務の後、家庭の事情で県西部の小学校へ転任してから各学校で六年、六年、三年、六年、三年の教員生活三三年目、私が五五歳で今、書こうとする五年生と、続いて六年生の、体験と経験をしたのである。

今ここに一冊（B5版）のノートがある。

そこには個人あるいは二、三人で撮られた中学三年生の男女の写真、二七枚ほどが糊付けされている。中には髪を黄色く染めて、みんなが制服なのに私服の生徒も一人いるが、周りは全部制服や体操服なので校内で撮ったものであることが分かる。それぞれの写真には、カラーペンで名前とコメントが記入してある。

ここに写っているのは、私が退職した平成九年三月に、T中学校を卒業した生徒で、三年前に小学校で私が受け持った子供たちである。私がT小学校で、平成四年から五年にかけて五年生、六年生と持ち上がって卒業させた子供たちである。

私が退職した四月二日、そのクラスであった女子一七人中の一一人が自宅に遊びに来て、中学を卒業する前に、元六年二組のみんなを撮ってアルバムにしましたと言って、置いていったものである。

このクラスの男子一六人は、私の学級担任だった三六年間のうちで最も私に苦杯を飲ませた子供たちであった。今でもその時の苦渋を覚えている。私に担任としての存在意義がないので、もし出来るなら誰かに代わってもらいたかった。病気になるか、事故にでも遭ってとか、とにかく職を辞してでも、その担任は避けたかった。

被害者（被害者でありながら、その雰囲気を増幅する仲間でもあったのだが……）の親や、ボスの親をたびたび学校に呼んだりしたが、怪我をさせられたり、金品を巻き上げられた子の親が、相手の親へ話し合いを申し込んだり、授業監視の意味で親たちが参観日でもないのに、私のクラスだけを見るために来校した。

校長、教頭、生徒指導主任なども入り、学年主任でもあった私（当時五六歳）の学級のことで話し合いがもたれた。

当時、朝から教室に行くたび、階段へ見張りの子分が一人、二人隠れていて、職員会議後、教室へ向かう私の耳に嬌声とともに逃げていく足音が入ってくる。また、「闘いだ！」と緊張で口中が苦くなった。

五年生の一学期が終わる頃、学級の男子の中に一人のボスが生まれ、次第に教師にも、友達にもわがままを出し始め、仲間であった二、三人を暴力で支配して子分にしていき、それが広がり、クラス中の男子がボスの言いなりになって、教師の言うことを聞かなくなった。

六年生になると、「赤信号、みんなで渡れば怖くない」式に、教師を舐め切って、席には着いているが、教科書もノートも出さない者、横向きのままの者、はさみで紙を切っている者などばかりで、弱い者がさらに弱い者をいじめる風潮が起こった。そして最後には、それまで障がいがあって、いたわられてきた一人の女子までも、いじめられている下位の男子がいじめるという最悪の状態であった。

だが、このクラスの女子たち（男子一六人、女子は一七人）は、私が三六年間学級担任をした中で最もよい子供たちであった。それは授業中の発表だけを取っても優秀児も、学力下位の子たちも、女子はみんなよく挙手、発言するように六年の終わりにはなったことである。

また、たとえば体育館で体育の授業の後、教室へ並んで帰ることになっていたが、男子は、だらだらであったが、女子は指示せずとも気持ちを合わせてさっと並んでいた。それに引きずられしぶしぶ男子も並ぶという具合であった。女子は勉強の出来、不出来に関わらず、私の手を離れても、手紙や連絡をくれたり、家に遊びに来たりした。

私は子供たちとの信頼関係を重視し、殴って解決しようとはしなかった。中でも、突出した太一を高圧的に教室から引っ張り出していたら雰囲気が壊れ、あの優れた女子たちの姿はなかったかもしれない。

しかし、この子供たちも平成四年四月、私が新しく受け持った時は、後のようになる素質を持っていたと思うが、普通のクラスと特に変わった表われはなかった。

その子たちを受け持ったのは平成四年四月、学級担任歴三三年目の五五歳であった。当校就任三年目であった。

このクラスは前四年生の五学級を解体し、新編成した男子一六人、女子一七人、計三三人でスタートした。

前担任たちからのそれぞれの新五年生の学級担任に渡された編成資料の、児童の特徴の一覧票には、個々の児童の行動性格について児童名の上に○、△、▲（○は良い、△は問題あり、▲は大いに問題あり）が付けてあった。

私の担任する二組の▲は、本山一男、山谷次郎、原川留男、長山久、村木利久、鹿谷久子の六名である。本山一男は備考、問題行動の欄に「1　プライドが高い、自己主張。2　私語多し、身勝手」、山谷次郎は「落ち着きに欠ける」、原川留男にも「落ち着きに欠ける」、長山久には「ずるい」、村木利久は「だらしがない」、鹿谷久子には「機嫌を損ねると悪い」と記載されていた。

この六名とも通学区域はT小の校区のT・S町の新興の住宅団地から通学していた。T小学校の平成四年度の全児童数は一〇〇二名で、T・S町からは三五〇名の三五パーセントで、あとの七五パーセントは、この校区のもともとの母体であった純農村部からの通学であった。この三五パーセントの団地から通学する児童に「問題あり」が占められていた。

学年初めにまとめた学級経営案「児童の実態」の欄に、私が新担任としてこのようなことを記入した。

●生活で極端に落ち着きのない者（太一、留男、次郎）。落ち着きのない者（利久、忠典、一男、正典）。廊下を走りやすく、朝、帰りの会でなかなか静かにできない。留男、一男は周りの人への配慮に欠けた行動をすることがある。

●家庭環境は経済的には比較的恵まれており、母子、父子家庭はない。祖父母と同居が三三名中一八名。家庭は概して学校には協力的である。

●宿題などをきちんと出せる。出ないことはしばしばあるもの留男、忠典のみ。四年生の漢字が身に付いておらず、大半が半分も書けない。計算力が特に落ちる者、留男、山本利子、大村仁美。女子の発言や朗読の声が小さい。朗読が早口。

●道徳性については、教師の言うことをよく受け止める素直さがある。男女で、あまりこだわりなくあいさつが出来る（私は担任になると、自分のクラスの子供たちに、男女間のあいさつを実行目標としていつも挙げている）。

●落ち着きに欠け、周囲の状況についての判断ができず、人に迷惑をかける者がいる。家庭で父母へのあいさつなど比較的よくできているようだ（私は父母への敬愛ということを、自分の教育の中で重んじていた）。

いじめと学級崩壊の基となった山谷次郎と本山一男以外の名前が出た際に、生徒指導個票（それまで指導上で特に問題となる行動のみ個々に前担任が記録したもの。問題がなければ記載はない）の、この二人の前記した以外の記録と、他児童のクラスのいじめと、学級崩壊の特に繋がったと思われる児童の記録を拾っておく。

○いじめる中心となり、学級崩壊の基をつくった山谷次郎。

●元気はとてもよいが口数が多く、落ち着きに欠ける。忘れ物、落し物がとても多い（三年生）。

●トイレのスリッパを、上靴を履いたまま使用する（四年生）。

○いじめられる中心になりながら山谷の子分となってペアを組んで、学級崩壊の基をつくった本山一男。

●授業中の私語、身勝手な行動（一年生）。

●ささいなことで感情が高ぶり、泣いたり、友達と争ったりした（四年生）。

○先の中学三年になってからの写真で、一人だけ茶髪にしていた佐藤登は、小柄であるが、男子児童がみんな従った。次郎にも一人だけ一目置かれ、別格扱いされていた。運動神経は抜群で、特に遊びのサッカーではいつも中心になっていた。

●教師の眼の届かないところで、弱いものいじめをすることがある（一年生）。

●Y店で万引きをする（一年生）。

●遊びの中ではリーダー格で、多くの友達を引き連れて遊ぶ。ＯＺも仲間に入れてもらいたくて、「おもちゃをあげる」と約束させる（三年生）。

（ＯＺは両親が別居で、父方にいたり、母方にいたりして、学校に来ても授業をまともに受けられないことが多い問題児であった。四年生で転校）

●発表など目立つことはしないが、遊びの中では、はばをきかせている。友達にいやみを言う（四年生）。
○いじめられる中心となった本山一男の一番の友達で、後では一男にいじめられる対象となった原川留男。
●K子の筆入れ、机、下じきに唾を付けて遊んでいた（一年生）。
●田植えをした田んぼに入って、魚を捕まえていた（一年生）。
●学習、生活全般に落ち着きに欠け、学習中に手遊びや私語が多く、集中しないため学力も劣る（一年生）。
●判断力に欠ける行動が目立つ（一年生）。
●帰りの会の反省の中で、友達から注意を受けることが多い（二年生）。
●二年生をいじめて、トイレのスリッパを投げつける（四年生）。
●Y店で菓子などを万引きしたところを友達に注意され、その場で店の人に返す。本人によると以前にも、この店で万引きをしたことを認める（四年生）。
●通学の班で二年生のSの足をたたく。父兄から連絡あり。判断力に欠ける行動が続く。人がよく、優しい面がたくさんあるのに、衝動的に行動してしまうことがある（四年生）。
●三年生のHの体を二、三回なぐる。一年生のK子の顔に唾をはきかける（四年生）。

五月一六日、生徒指導委員会へ「各学年の学力不振、不登校傾向児調べ」を提出した。これは各学年、各学級の中の学力上の問題児と、不登校傾向の児童を主に、身体的な問題、行動上での問題を持つ児童を含めて把握して、学校態勢でも指導していこうというもので、各クラスから二人ずつくらい出された。五クラスで出された一二名ほとんどが学力に問題があった。

しかし、私のクラスからは「本山一男＝落ち着きがなく判断力に欠ける行動を多くする」、「原川留男＝同じ」、「鈴本太一＝極端に落ち着きに欠ける」と三人とも行動上のことで出されたところに特徴があった。この段階では山谷次郎の名はなかった。

五月二一日（木）に五年生の運動能力テストが行なわれた。後にクラスのボスになる山谷次郎は、男子の中では走、跳、投、敏捷性、懸垂など七種目の総合で四級と意外に低かった。男子一六人中、一級はなく、二級が三人、三級が二人、四級が五人で、五級と級外が七人、山谷はほぼ中位であった。

だが私の観察では、この時分、子供たちに最も人気のあったのは遊びとスポーツを兼ねたサッカーと、ドッジボール、それからバスケットボールでは山谷はずば抜けており、目を見張るようなプレーを何度も見ている。

山谷は運動神経はよいが、水泳などは苦手で、八月に行なわれた一五分回泳では不合格であった。頑張りが必要とするものが駄目というのが、この子に対する把握であった。

運動能力テスト六種目と、同時に行なわれた体力診断テスト（背筋力、握力、上体そらし……など）六種目の計一二種目のうち、六種目の一位を鈴本太一が占め、四種目の一位は佐藤登が占めていた。

しかし、同じ時期に行なわれた歯牙検査では、よく歯磨きをしていないにもかかわらず、乳歯も永久歯にも虫歯がなく、また治療した歯もないのは学年で山谷だけであった。これは生来の歯の性のよさを感じた。

このことは一年生から欠席がほとんどなく、私が受け持った五、六年生の間も皆勤であったことからも言えると思う。ただし家庭生活はルーズで、クラスの父母からは「山谷君は夜遊びをしています」という報告もあった。

五月二二日（金）は春の遠足があった。五年生はI公園に集まり、あとは学級ごとで活動するというものであった。

この五年生の遠足で二つ、六年生の遠足での出来事と関連して頭に残っていることがある。一つは、その前週の月曜日、体育館に五年生全員を集めて春の遠足の「ウォークラリー」の説明会があった。その時、本山一男が「菓子を持って来ていいですか」と質問したことである。春の遠足には菓子を持って来ないことが通例のことで、誰もそのようなことを質問する者がいない中で、わざとあえて質問したことが、六年生になってからの出来事と関連して思い出される。

もう一つは、六年生になってからの遠足の事件の中心人物、山谷である。山谷は、この日どういうわけかグループごとの行動がすんで集結場所の公園に来てから気持ちが悪くなったようだ。申し出があったので、みんながドッジボールをしている横に座って休ませておいた。昼食も済み帰りの出発時間になっても、まだ気持ちが悪いと言い、見た目はもう回復しているようだったが、補助の保健の先生の車に乗せてもらって別行動で帰ることになった。

この時、私は、山谷は精神的に弱いということと、家では随分わがままで甘やかされているのではないかと感じた。この山谷が、一年後の六年生の春の遠足では仲間を誘ってふてぶてしい行動をすることになる。

五月二五日、大村仁美は右腕のひじ上の外側に筋肉の腫瘍がある。半袖の体操服で生活をすることの多い学校では、それがいつも見えてしまう。友達が「筋肉マン」と囃《はや》すことがあり、それを気に病んでいるので注意してほしいと、家庭訪問の折に親から申し出があった。

翌日、私は朝の会で、人の体のことでその人をからかうのは、たとえ軽い気持ちであっても、それは人を傷つけることであり、一番いけないことだから決して言わないように注意した。

その日、仁美から土曜日、家のほうで本山一男と原川留男が自転車で通りながら「筋肉マン」と囃し立てたと申し出があった。一男を呼んで聞いてみると、「僕は言いません。留雄君が言いました」と言うので、留男を呼んで聞くと「僕は言いません」と言った。言った状況を仁美がはっきり言っているので、そんなはずはないと、もう一度二人をそれぞれ呼んで確かめると、やはり二人とも言わないという。

二人を呼んで確認しようと思ったが、両方でうそを言っているのが明らかで、友達同士のなすり合いをさせるのもどうかと思い、深く追及しないままに終わった。今、反省するとこれは甘い態度で、一男のためにも追及しておくべきであったと思う。

（後記。私はこの時、時間とか、子供との人間関係を壊したくないという気持ちにかかわりなく、徹底してはっきりさせ、謝らせるべきであったと思う。それがこの児童のためであり、後のクラス全体のためでもあったと思う）

今の私なら、この子の口先だけ、言葉だけでごまかす態度を「言葉の真実、人間の言葉の重み」ということを眼目にして徹底指導に当たるつもりである。

この後、私は一つの反省を持つのだが、それは平成六年になった四月のことで、全国的にいじめのことが問題になり始めた頃である。一男と留男が五年生の児童に言いがかりをつけ、「体育館のところへ来い」と脅しているので調べてほしいと、生活指導主任から連絡があった。

一男に聞くと、脅したりしていないとあくまでも言い張り、認めなかった。こちらもそれ以上問い詰めるには事情がはっきりしておらず、そのままになってしまった。仁美の場合も、もう一度、仁美に聞き返してみたが、やはり一男と留男がうそを言っていることが明らかであった。

しかし、五年生を受け持って間もない（約二か月）この段階では、彼らを否定したくない気持ちもあって、それ以上追及せずに終わった。六年生になってからの脅しの事件の頃には、私は一男や留男は公然とうそのつける子だと思っていた。

この反省もあって、子供がうそを言っていると思える場合、あくまで追及して、今度は失敗するという事件に、二年後に出会うことになる。また、うその言える子について、教育上の問題を深く感じるようになった。

二年後の事件とは、こうだ。

私はこの二年後（平成六年度）、R小学校で三年生を担任していたが、その教室で消しゴムがなくなるという事件が発生した。

年度末（平成七年）の三月二日（木）の六時間目、長野厚樹の持つ、その頃流行のオレンジの香りのする新品の消しゴムがなくなり、厚樹から申し出があった。

その消しゴムを厚樹が使っているのを見た者もあり、誰かが持ち去ったことは確実であった。何らかの関連を持つ可能性のある子供たちを調べたところ、翌週の火曜日、その日から四日後に教室内に置かれていた。これは山本良子と他の二人の女子の申し出で分かった。

誰かがそれまで持っていて、そこへ置いたことは明らかなので、時間帯から関連を持つ子を調べていったところ、村山良介もその一人であることが分かった。私はその時、申し出た山本良子を疑う気持ちはまったくなかった。いたずらなら良介はあり得るが、良子の可能性はあり得ないと思っていた。

そこで消しゴムがなくなったのは事実であるので、良介に詰問したのである。ところがその日、子供の様子から親が、毎日の宿題になっている「本読みカード」の下段にこのような連絡を寄こしたのである。

――先日紛失したケシゴムの件ですが、本人はとても気にしております。僕は絶対にそんな事はしていない。今日も先生や友達から白い眼で見られる。学校へ行くのが嫌になる等と申しています。いたずら盛りの子供とは云え、気にやんでしょげているのを見るのは家の者としてとてもつらい気持ちになり、気の毒にさえ思えます。どうかはっきりとした解決をしていただきたくおねがい申しあげます。残り少なくなりました三年生を明るい気持ちで終わらせてやりたいと思ってペンを取った次第でございます――

しかし私は、状況から考えて申し出た良子たちか、良介しかこの時間に関連し得ないことと判断したのである。今考えると、良子たちも三人集まれば、いたずら心を出した可能性は充分あるが、なぜかそこに気がいかなかった。良介に違いないと思い、親の申し出もあり、少しあせりもあって、放課後に良介を残して問い詰めたのである。良介はしばらく困ったような表情をしたが、終わりに「ぼくがやりました」と言った。

ところがである。さらに一日おいて山本良子たちが「私たちが盗《と》って、また相談して返すことにして、あそこに置いたのです」と申し出てきた。良子がそのようなことをするとはまったく思いつかなかった私の思い違いで、彼女たちは軽い気持ちで持っていて、また戻したのである。

二転、三転したわけであるが、ばつの悪い謝罪の電話を良介の家にした。次の土曜日が終業式で春休みに入り、良子たちにはしっかり反省させなければならないと思いながら、そのままうやむやの状態になってしまった。

その後、学年が変わって、私も担任を外れたが、良介の母親は私に何か不満げな様子を示していた。今に至って良介には悪いことをしたという気持ちと、良介が当時からよい子であることを分かっていたので、今でも、その後どんな大人になったか、会いたい気のする子の一人である。

この時、私は平成四年と五年の苦い経験をして、子供の「うそ」をあいまいにしない、との反省のもとに村山良介を強く追求したのであった。

六年生になってからの同じ時のことと対比して思い出されることが多く、二、三記しておく。

六月一七日（水）、五年生のプール開きが行なわれた。私が水泳指導のため水着になって出てきたのを見て、本山一男が「かっこいい！」と大きな声で言った（私に筋肉質の体型を見て言ったと思うが）。同じ六年生のプール開きの時に、同じ水着で一男とすれ違ったのだが、一男は「げぼが出る（気持ち悪くて吐きそう）」と言った。

六月二四日（水）、五年生の水泳の授業の時であった。プールサイドに並べて準備運動を始めた時、ホイッスルを教室に置き忘れたので、「やまちゃん（山谷次郎）、ひろちゃん（鈴木広行）、ホイッスルを忘れたから、先生の机の横に掛けてあるから取ってきて」と言いつけて、二人が笑いながら取りに行ったことを思い出す。

後のいじめと学級崩壊の中心となる山谷も、この頃は教師とも他の児童ともこのような雰囲気であった。これが六年生になると、水泳の授業の始まりにもわざとプールサイドに集まらず、終わった後もだらだらと着替えて、みんなで歩調を合わせて、次の授業を遅らせたりした。山谷は自分の意に沿わない平田正典を理由もなく突き飛ばし、山谷の取り巻きもそれを止めずに囲んで眺めていた。

五年生の五、六月頃、本山一男と池田元幸はよくけんかをした。自己主張の強い一男は、同じような性格の池田に、ちょっかいを出したり、馬鹿にし合ったり、つかみ合ったりしていた。池田は家庭の事情で一学期の終わりに転校した。

また、一学期の終わり頃の段階では、後に完全にボスになる山谷は、クラスの他の男子からは恐れられてはいなかった。自己主張の強い池田が何かのことで、山谷と衝突し殴り合いをして負けたようで、私が教室に行くと、池田が席に少しけがをして半べそをかいて座っていた。山谷がこの頃からけんかの自信と、仲間意識の繋がりの力のもと、他の男子を恐怖で支配する味を覚えたと思う。

親の意図（五年生の終わり頃から本山一男の親が、山谷との関係に気づき、引き離すような動きをとった）にもかかわらず一男は、自分がいじめられながらも執拗に山谷の子分になっていくのである。弱い部類に入る一男や留男も、通学路が同じこともあって以前から山谷の子分になっていたようである。

まだ教師と話し合える頃の山谷が、このことを何かの折に「……モンモンの決まりだもんな」という表現でチラッと言ったことがある。つまり、自分たちだけに通じる決まりのようなものがあるということである。山谷には仲間意識を作り左右する、特別な性格か才能のようなものがあったと思う。

山谷は世間のことをよく知っていて、歴史の授業で古墳の盗掘にふれると、「墓泥棒！」とか、学級指導の時間に、笑わせようとプロレスの力道山の話をすると、「刺されて死んだ！」とか、他の子の知らない社会常識を持っていた。

また、教室の後ろの黒板に、各係からみんなへの連絡を書くように指示すると、図書係であった山谷は「ぱくっちゃやーよ」と書いていた。このような知識や表現力に対するあこがれが、まじめな一男がいじめられながらも子分になっていった原因があったと思う。

六月二五日（木）、避難訓練が行なわれた。私の立てた目当てにもかかわらず、五年二組の児童はどうしようもなく、初めて怒鳴りつけた。

校舎から避難するために外に出て、学級ごとに人数を確かめるために集まった時である。充分に事前に注意され、一年生から訓練を積み重ねているはずなのに、例の「落ち着きに欠ける」男子を中心に黙って行動するという目当てが守れず、がやがやしている。

私は思わず全校での行動の場であるが、クラスの男子たちをその場で怒鳴りつけた。これが、クラスの児童を思うように出来ない、言うことを聞かないと強く感じた最初であったように思う。

六月二日の全校の家庭向けの「学校だより」に〈T公園春まつり親子写生大会〉のT小の入賞者が発表された。市内小学生の希望者が一〇〇〇人ほど参加して、学年ごとに特選一名、金賞二名、銀賞三名、銅賞六名、佳作一七名が選ばれ、学校を通じて発表、賞状授与がなされた。

親子と銘打ってあるので、低、中学年が主で、高学年は少なかったようであるが、五年生の部の特選の一名に一男が選ばれた。一男は図工（五年時は他の教師が教えていた）に優れていると思っていた。

しかし、一男の図工の評価は五年生一学期は上位三〇パーセントの「3」、二、三学期は中位の「2」で、六年生になって私が担当してからは、一年間は「2」であった。「3」にしてやりたかったが、作品がなかなか仕上がらないのである。

描いては消し、消しては描いて、構図が決まらない。色塗りも一部分にこだわって前に進まない。結局、授業中には完成せず、自宅へ持ち帰ることになる。そしてていねいに仕上げた作品を提出してくる。

いつもこのような状態なので、学校で集中して完成させないので「3」にしようがなかった。絵は家で塾講師の母親の応援で出来上がるらしかった。

一男は自分がいじめられながらも、家庭の眼が回らず、けんかにも強く、夜遊びもする、また指輪やネックレスをしてくる奔放な山谷に、執拗についていったのも、育ち方（主に祖父母が面倒を見ていた）に関係があるかもしれない。

一週間に一時間だけの授業であるが、私は道徳を優先して最も力を込めて扱った。次は道徳の授業について七月六日（水）に提出した週の反省記録の一部である。

今の教育の中に取り入れなければならないこと、生き返らせねばならない唯一つのことは、父母が「父母の敬愛」を平然とその子供に要求し、父母自身もその道徳の体系の中で平然と楽しんで生き、それを当然とすることだと思います。私の今の課題の一つは、はっきりとその状態に近かった江戸時代の人の心を調べ、さらに欠点があっても、それにずっと近かった明治の教育と人の心を振り返って、それを生き返らす道を探り実践に生かすことにあります。

明治の人の特徴は、自分自身の実践がそれでも多かったということがあります。だから次の人、次の人へと受け継がれました。実践でものを言う。実践を見て次の人が継ぐ。それが大事なことと思います。口で言わない。説明をしない。私もそこを目指し、そこを心掛けて生き、教育に当たりたいと思います。

七月一三日（月）、学校の運営委員会で、校長からI市内の校長会からの報告として、中学校がどこも多少荒れている。教師の指示を聞かなかったり、批判的なことを言う生徒が多く、学校同士で他の中学の家来になったりしている。扱いようでは他中学へ飛び火する心配もあり、新聞には載せないようにしている。小学校の時に非行の芽を見落とさないように。また、万引きなども初犯の時にきちっと指導するようにという話であった。

T小学校の約一キロ北東に、卒業後通うようになるI市立S中学校があるが、小規模でかつては模範校といわれたが、最近はしきりと荒廃のうわさが流れていて、市内でも荒れた学校の筆頭に挙げられるようになった。それは後日、分かったことであるが、山谷はこの中学の非行の先輩を友達にしていた。

ここで、周りの児童の雰囲気や状況が変わると、同じ児童でも一年でこんなにも変わるのかと痛感した二人のことを記録しておく。

夏休みも終わって九月七日（月）に学級委員の任命が朝会で行なわれた。五年二組の男子の学級委員は選挙で一学期委員だった伊藤広志から鈴木広行に代わった。新しい委員に引き継ぐに当たって、私は子供たちに一学期委員だった伊藤広志のことを褒《ほ》めて、次のように言った。

最初に選ばれた学級委員だけにみんなに人気がある。時にはけんかもするが誰とも仲良く遊ぶ。進んで組のことなどをやる。しっかりと仕事をする。友達にも先生にもきちんとあいさつをする。多少のおだてもあるが、大体こんな感じの子であった。

その元、学級委員が六年生の後半の、ボスが支配し、いじめが蔓延したクラスでは、別人格のようになってしまった。縦割り掃除をいつも怠けてやらないと、その場の担当の教師から私に連絡があり、呼んで注意すると、ろくに聞かないで行ってしまおうとする。注意しておいても、次の日からまったく直そうとしない。

傘立てにあった自分の傘が、たまたま出す時に引っ掛けられて破れたという理由で、無関係な下級生の傘を、自分の傘の先で突き破り、僕のがやられたからと、平然と言う。表情も冷淡で冷酷なものに変わり、一学期の頃の広志を知る者として驚くべきことであった。

もう一人は小松仁平のことである。小松は小柄で学力はやや劣る子であった。五年生から選ばれる運動部と音楽部の壮行会のための委員を、各学級から男女二名出すことになり、本人はいやいやながら推薦されて委員になった。

九月末、仁平は音楽発表会壮行会の中心の役割になる、「励ましの言葉」をやる役に当たった。担任が指導して「励ましの言葉」を練習させることになり、まず言葉を書かせたが、わら半紙半分に乱雑な文字で五、六行書いてきた。これに肉付けをして充分に満たし、発表の作法と話し方、大声で言う、という三つの練習に入った。わがままで委員の経験もない子であり、しっかり立派にやらせてやりたかったが、不安は残った。

案の定、体育館で練習を始めると、音楽部の女子たちも体育館で練習をしていて、それを気にして「俺、いやだ」と言い、座り込んで練習をしない。いろいろなだめすかして、音楽部が終わりいなくなってから、やっと練習をさせた。その後、家で言葉を覚えさせ、翌日も練習させ、充分に出来るところまできた。

そして当日、「励ます会」は、体育館において全校児童の前で、この子としては堂々と上出来にやってのけ、声の大きさ、テンポも指導通りに見事であった。後で五年一組のN教諭から「仁平ちゃん、見直しちゃった」と言われるほどであった。わがままで、学力不振であっても、指導と本人の努力でこのように立派にできる。

しかし、この仁平が学級の雰囲気とあり方が変わると、個人も違う人間になってしまう。一年後の六年生の卒業式前に、パートごとに分かれて、他のクラスの子供たちとも混じった教室で、行事の指導の時、クラスの仲間と固まって無駄話ばかりしているので注意すると、小松は「うるせえ」と言って、聞こうともせず、指導の効果が上がらなくなってしまった。同じ子が変わってしまう一例である。

九月の終わりに、夏休みの家庭での学習、生活の補助教材「太陽の子」の採点、点検をし、各自に返却した。そして間違った箇所、教師からの言葉にも眼を通して再提出するよう指示をした。

ほとんどが提出したが、山谷、本山一男、原川留男、村木利久の提出はなかった。従来はきちんと提出し、几帳面であった一男がこの頃から、毎日の漢字の書き取り、週一回の日記帳、時々の計算の練習などが揃わなくなってきた。

一〇月五日（月）、生徒指導主任から原川について、三日（土）の午後、公園で、一年生の財布から三〇〇円のうち一〇〇円を取ったらしいので、調べてみてくれと連絡があった。

原川はやや知能も低く、成績もすべて「1」段階で、気はよいが動作も緩慢で、みなに馬鹿にされるところがあった。

放課後残して調べてみると、六年生の女子が一年生からの又聞きで、結局、本人は借りたが、返したということではっきりしなかった。

一〇月一三日（火）、原川の家に金銭のことで注意してもらいたいと、手紙を持たせた。それはこれまで村木利久に、留男が三〇〇円貸したが、利久はもらったものなので返さない。だが留男は返せとたびたび言うので、利久が教師に申し出た。そこで当事者同士を話し合わせたが、解決を見なかった。

私は二人に子供のお金の貸し借りは、何度も学校でも指導しているように、たとえ言葉の上でもらっても、よくないことだと諭し、翌日、教師の前で三〇〇円を留男に返させた。この時は、両家にも連絡や注意をし、再度このようなことがないように指導したが、この後も、金銭的なことが問題になっていった。

一〇月一九日（月）に五年生の社会見学があった。社会の「日本の工業」に関連づけてT自動車と、来年の歴史とも合わせてO城を見学した。O城公園を引率移動している時、同学年らしい他校の児童たちとすれ違った。

すると、鈴本太一ら数人が歩きながら、「てめえら……」と、まるでけんかを売るような言葉を投げかけたので、叱ってやめさせた。相手が何もしていないのに、五年生の段階でこんな行為をする児童はいなかったので記録しておく。

一一月九日（月）に提出した週案簿の記録に次のように書いている。


今の社会での問題は、口ではいろいろ言うが、道徳的実践に欠けるということだと思います。かつての社会は実践が見られたと思います。実行のあるところに信頼と尊敬が生まれます。以前の社会には問題はありながら実行、実践の姿が見られました。今の世の中は論のみ賑わって、実行に一貫したものは何もありません。教育は手本ですから、これまでうまくいかなかったわけです。おとな社会の道徳的実践です。

江戸時代の武士たちは、私の常日頃を見よ、という気概を持った人がたくさんいたようです。幕末維新の動乱の時には、たくさんそれらが出てきました。明治、大正、昭和初期の人にも大きな問題はあっても、いざとなると一歩も引かなかった人が多かったのは、手本を見ていたからだと思います。真の教育とは実行を伝えるものであり、実行と愛のあるところに必ず尊敬と信頼が生まれ、本当の教育がそこに生まれると思います。

しかしこの時、私は道徳と尊敬と信頼を旨とし、力を込めて日々教えているのに、担任の言うことを聞かなくなり、ボスに支配され、いじめの雰囲気が蔓延する素地が、着々と出来上がったことは皮肉なことであった。

山谷次郎が給食当番をさぼり、強く叱責するとふて腐れるようになったのは一一月の初めであったろうか。給食当番は男女四名ずつが一週間交代で行なう。エプロン、帽子、マスクを着けていたが、時間になっても準備を始めず、大声で叱ったが素直な態度ではなかった。

給食後、仲間を呼んで階段の隅などへ逃避の態度をとるようになったのも、その頃である。他の児童も「おーい、来いよ」と声を掛けられると、悪いことと分かっていても応ずるようになってきた。最初は本山一男、原川留男、鈴本太一、平田正典などであったが、後になると全男子が従うようになっていった。

一一月の中旬だったと思うが、授業中に注意をすると、山谷が「うるせえ」と言ったので、その場できつく叱ったし、家庭へも連絡して注意を促したが、だんだんひどくなっていった。その後も、叱られて当然のことをして注意されると、「うるせえ」を連発し、仕方なくげんこつをくれたが、態度はいっそう悪くなった。

私がこの子たちを殴ったのは、この時が初めてで、後に六年生になってから、どうしようもなく山谷をもう一度殴ることになるが、担任の子供たちを殴ったのは、この二年間で二回だけである。

しばらく後のことだが、山谷の態度が悪く、殴るつもりはないが、あまりにもひどくて、きつく注意しようと思い、彼の席につかつかと近づくと、げんこつを思い出したのか、ぱっと立ち上がり後ろの方に逃げ出した。さすがこの時は、こわくて涙を浮かべて逃げたと思う。

一一月一六日（月）、一七日（火）と一泊二日でＫ少年自然の家に林間学校に行き、山中でチェックを行なった折、後にボスになる山谷次郎と、一心同体だと言っていた鈴本太一とが同じグループとして通り抜けた時、その様子からガムを口に入れていたのを思い出す（この林間学校への菓子などの持ち込みは禁止されていた）。

六年生になっての春の遠足では、林間学校で行なったグループでのウォーキングがあった。その際に山谷は仲間を引き入れ、禁止されている菓子を公然と食べながら歩いていた。その胚芽は、この頃から兆《きざ》していたように思う。

一一月二六日（木）、原川留男の算数の教科書がなくなるという出来事があった。学級の雰囲気がすっかり変わった六年生になってからは、人のものを隠すということが頻繁に起こるようになった。原川はもともとそういうことの多い子で、また例のことかと、あまり事情を調べなかった。

家庭と連絡して家も調べてもらったが出てこず、出入りの書店に注文して取り寄せた。これが、人のものを隠すという行動のはしりだった思う。

学級にとって良くない兆候がいろいろと出始めたが、一一月三〇日（月）の週案簿に今週の感想として、「……私のクラスでは、今年は大村仁美、山本利子がまずまずの挙手発表をし、授業中、挙手発表しない子がなくなったこと、長山久のような学力不振の子が発表に案外自信を持っていることが、五年生のクラスとしての話し合い能力の目標の第一歩にかかったぐらいの段階です」と、発表能力のことを書いている。

全児童が授業中に発表しているということで、この面では、非常に良い表われをまだしていたのである。

一二月一日(火)、本山一男、鈴本太一と木下正也が、注文のため掲示していた林間学校の写真の特定の女子児童に鉛筆でいたずら書きをして傷つけていた。一男を呼んで事情を聞いたところ、当初は否認していたが、他の児童から分かってしまい、三人にしっかり注意し、傷つけられた子に謝罪させた。

一二月四日(金)、同じ方面に下校する四年生からの申し出で、本山一男、原川留男、村木利久、山谷次郎が下校途中の橋の下で、マッチで火遊びをしていたことが分かった。呼んで調べたところ、理科の実験で使ったマッチを持ち出していた。叱って、以後、実験のマッチは教師が点検してからしまうことにした。

一二月七日（月）、男子児童の表われについても本山、原川を中心に取り上げて、週指導案簿の記録欄に次のように書いている。


本山一男は家庭も教育熱心ですし、自分も能力はあり、頑張ることもできますが、行動面での問題児です。宿泊訓練の注文のための写真を掲示したら、すぐに特定の女子の写真を傷つけるし、実験用のマッチを持ち出し、下校途中に火遊びをするなど、常識的には五年生と思えないような行動をします。

一男は体力的にやや劣るが、自己主張が強く、よくけんかになり、いじめられているのを見かけることが多いです。意地悪を受け、意地悪で返すというような繰り返しと積み重ねが、この子の考え方や行動に影響したのではないかと思います。うそも平気でつくことが問題です。

一男とペアになり、よく似た行動をしているのが原川留男です。彼は父親が四三歳の時にできた長男で、妹がいて、甘やかしが原因でないかと思われます。幼稚で衝動的で、一貫した行動がとれません。

また、甘やかしが原因と思われるのが山谷次郎、木下正也などで、問題行動を一緒になってやっているので注意していきたいと思います。


この時、この子たちの問題行動は原因が家庭の甘やかしと書いたが、後に山谷や原川の父親に触れ、今は単なる甘やかしだけでないと感じている。私は甘えとそれからくるわがままと思っていたが、家庭では少なくとも父親には甘えていなかった。

一二月一四日（月）、クラスで運動（スポーツ）の最もできる鈴本太一が、隣の席の山本利子を蹴った。山本利子は、知能は遅れていないが、うまく会話ができないという障がい児で、おとなしく真面目であり、みんながいたわるようにしていた。

座席変更の折も、太一なら利子を親切にしてくれると見込んで、隣同士の席にしたのである。太一のような子が利子を蹴るということは、これまでしないように心がけてきた、弱い者いじめである。その後、これがきっかけで利子へのいじめが次第に増えていった。

同日、山谷次郎が同じ通学班の長山久と、通学途上で四年生の男子を生意気だと蹴るなどしていることが分かった。親からの連絡でその子が欠席してしまったので、二人を指導した後、一緒にその児童の家に謝罪に行かせた。

一一月三〇日の週案簿の記録欄に「学級にとって良くない兆候がいろいろ……」と書いたが、一二月一四日（月）の同欄に二学期のまとめとして次のように書いている。

五年生の二学期が終わろうとしていますが、全体としての反省をしてみたいと思います。先日の集会で話を聞く態度が全体的に良くなかったのが気になります。次の最上級生としてしっかり自覚させなければならないのですが、廊下走りや、トイレの履物の脱ぎっぱなしで乱雑のままなど（T小ではトイレ用のサンダルが設置してあった）が気になります。

学年全体の雰囲気は学級単位で生まれますが、私のクラスの掃除への取り組みや、集団行動の取り組みなど、まず着実なものに直させたいと思っています。女子はかなり良いと思いますが、男子に落ち着きがありません。

基本的には外形を押し付けても効果がないと思っていますので、出来ていったものが中学でも通じるものを養いたいと思っています。それには子供の内面から育てていかなければなりませんが、「六年生になっても素直さのある子を育てる」「尊敬、信頼関係の育っていくのが本当の教育である」の基本をしっかり見つめていきたいと考えています。

その実態を考えると、今、自分ながらまだそんなことを言っていたのかと、思えるような言葉である。

一二月二二日（火）、二学期の終業式があり、児童たちに通信票を渡した。学期の学習と生活態度などを総合的に文書にして、各親に伝えるものである。後に残る公式文書であるので、良いことは努めて書き、悪いことは親が少し感じる程度の表現になっている。山谷次郎については次のようなものである。

［山谷次郎の「学校から家庭へ」の欄］

授業中、内容のある良い意見をたくさん出していましたし、よく理解も示します。忘れ物がやはりひどく、やってこなければならないことも忘れることが多かったです。発表のよさと実質が噛み合わなかったのが惜しいです。上級生として責任のある立場になりますので、給食当番の仕事を手抜きするようなことはぜひ直したいです。

［本山一男の「学校から家庭へ」の欄］

授業だけでなく学級会などにも、発言が多い方でした。友達へのあいさつや、友達に教えるなど（あいさつや友達同士の教え合いはクラスの目標に掲げていた）の行動も、てきぱき出来ます。二学期は少し気の緩みのせいか一男君の堅実さが崩れていました。いろいろな仕事への取り掛かりがたびたび遅れたり、実験のマッチを持ち出していたずらをするなど、やや度を超した行ないが出ていました。良い面が外に出ていくよう、三学期は気持ちを引き締めて取り組みたいです。

三学期の「家庭から学校へ」の欄でこの二人の、それぞれの家からは、「身の回りの整理が出来るようにしてきた。家での学習意欲を持たせ、明日の準備をきちんとするなど集中力を付けたい」（山谷）、「自分を抑制することも学べるとよい」（本山）と書いてあった。

五年生の二学期においては、通信票に表わした学級崩壊の芽のようなものは、まだ二人だけで、この程度のことであった。

五年生も三学期に入った、平成五年一月七日（月）提出の週案簿の記録欄に、道徳の授業にまだ次のようなことを書いている。

私のクラスのわんぱくな男子たちが、道徳の授業をやりたがるというのはおもしろく思います。よく祝日をそのまま道徳の主題名に取り入れて行ないます。

先日、「天皇誕生日」という授業を予定していましたものを、成績のことや学期末のことで、自作教材が充分整わず、取り止めて、その時間を算数の「まとめの復習」に変更しました。すると、「天皇誕生日は大事じゃん」と、中でも最もいたずら小僧たちの仲間が文句を言い出したのには笑ってしまいました。この子たちに道徳の授業が嫌われてはいないと、ちょっと嬉しくなった次第です。

一月一一日（月）の同記録欄には、

「広く世界の人々に対して正しい理解と愛情を持ち、出来ることをしよう」の指導要領に基づく高学年の重点目標の一つが今日の「ジャングルの太陽」（題材名）、主題名は「世界を知ろう」で、ある程度（僅かながら）達成された感じがする。

それはドクターサトウという実在の人物の行動を核として授業の前半に置いた海外交流課（I市はH社・地元企業の関係からも外人・ブラジル人が多く、海外交流に力を入れていた）の松尾さんのビデオと、後半の海外青年協力隊のビデオとが、ドクターサトウの話に結び付いたからだと思う。いつも思うことだが、なるべく道徳は実話を使いたい。

それからアフリカの旱魃で食糧援助を受ける難民の写真と、サトウの活躍を表わす絵を中心発問に置いて具体性を持たせたこと、シュバイツアーの話、ピグミー族の写真、青年海外協力隊の言葉の繋ぎが良かったこと、他の教材を削って、時間配分の押さえも良かったと思う。

子供たちの記入したノートを見ると、募金活動でもあればたくさん集まりそうに思えたことと、外国（特にアフリカ）に関心を持ったことは収穫だといえる。

と書いている。しかし、一月一八日（月）には、やはり道徳の授業について「ガンジーのいかり」を題材に取り上げた時は、話し合いも進まず、子供たちは硬い態度であった。

この授業はその頃、特に目に付くようになっていた公平公正の問題を扱ったものである。この教材の末尾に目標について考えさせる視点が三つ挙げてあり、その三番目に、

「あなたは公平、公正に行動できなかったことがありませんか？」

という問いかけがあった。私はこの問いに、強い人か弱い人かによって自分の態度を変えること、掃除のごみを弱い人に押し付けて行かせること、班を作ってバスケットボールの試合の審判をする時、好きな人のチームに味方すること、給食の配り方で強い人に良いものを多くあげようとすることを取り上げて考えさせようとした。

子供たちは言い渋る雰囲気と、僅かだが、「あるけど言いたくないもんね」（鹿谷久子）というつぶやきが出た程度で、「そういうことは良いことだ。……」（ボス的存在の山谷次郎）というようなごまかしを独り言で言っていた。

子供たちの具体的ないじめと、ボスの発生の兆しを、この段階ではまだ道徳の授業で取り上げて、私は何とか考えさせようとしていた。しかし、いじめとボスの問題では、兆候があるからといって、話し合いや考えを出し合う状態ではなかった。むしろ、子どもたちはその問題を避けようとしていた。

だが、他のことでは、この頃は道徳の授業で話し合うことの可能性はあったと思う。二月

一日（月）の週案簿の記録に、
研修のまとめ（一月二九日、私は好きな幕臣、川路聖謨《としあきら》の「五十二段のさくら」の話を取り上げて授業をした）では、実話であり、今日的な課題とも思えるので取り組みました。

注意したこととは、主発問と主発問へ繋げる発問や提示するものを充分に練ること、自分のことへ返るところをしっかり考えるように工夫することでした。主発問へ繋がる発問や提示のところは、参観者がいるという緊張感もあって、かなり考えた発言が多く出たように思います。その部分に時間を取り過ぎて、主発問へ繋がる発問で一二分かかり、自分のことへ返って考える部分が少し手薄になったと思いますが、実践表まで結び付けておいたのはよかったと思います。

それは、この授業（内容は公徳心）後も空き缶拾いのことで話してくるし、家庭の親（実践表で親に呼びかけてあった）も、子供の行動を意識している様子があるからです。

とも書いていているように、まだ子供たちも柔軟で、全体的な可能性を感じて教育に当たっていた。

一月二六日（火）、音楽担当のN教諭から五年二組の男子八人の反省文が渡された。この日、音楽の時間の始まりに、N教諭が少し遅れて行くと、その八人はチャイムが鳴っているのに、廊下へ出て騎馬戦をやっていた。叱って廊下に正座させ、反省文を書かせたというものである。

八人の中にボス・山谷次郎が入っておらず、私は問題であったと思う。一六人いる男子の半分が騎馬戦をしていて、支配者の山谷が誰の反省文にも出てこないということは、この時期に支配者がいて仲間で行なうことと、支配者を隠すという作用が、集団に働き始めているのを表わしていると思う。反省文の一例を挙げておく。

反省文

五年二組　永山一啓

ぼくは四階でかずひろ、やまじろ（やまたにじろうを書き渋ったように読み取れるが、比較的まじめな子であった一啓自身もやっていて、いながらごまかそうとし、周りも隠そうとしている山谷の名前を書こうとしたと受け取れる）、あと六人で、きばせんをしてあそんでしまいました。さいしょ、たいちくんたちとあと四人であそんでいて、みんなきばせんをしてあそんでいたので、ぼくもあそびにいって、あとからせいやくんがきて、八人であそんでしまいました。チャイムがなってしまってもあそんでいたので先生におこられてしまって、とてもはずかしいです。こないだもぼくは先生におこられてしまってこのあいだは、（べつに先生におこられるぐらいべつにそんなのいいや）と思っていてやってしまいました。まえからぼくは人につられてしまっていて、みんなやっているからいいやと思って上きゅうせいとしてだめでこんどは学校の一番大事な六年生になるのにこんな、遊びをしてしまってじゅぎょうをおくれてしまってもうこれからは、じゅぎょうにおくれないし四階などであそばないようにしたいです。

二月一〇日（火）、二学期、九月一日に転校してきた鈴木愛の父親から愛の「欠席、遅刻、早退届」の連絡欄に、次のように書かれていた。

――昨日、男子生徒（山谷君）にイスを投げられ、頭に当たりコブができた。一日様子を見ましたが、今朝まだ頭が痛いということなので午後に、病院に連れて行ってレントゲンを取りたいと思いますので、体育の時間を休ませて下さい。尚、病院にかかった費用は、先方に請求させていただきますので、先生その点、よろしく先方に伝えてください。――

事情聴取と謝罪のため、さっそく、私は家庭訪問した。

愛の家庭は母親が別居していて父と二人暮らしで、父親も家にいることが少なく、それまで他のことで何度か連絡を取ったが会えなかった。この時、初めて父親に会った。

愛は肥満気味であったが、ボール運動などがうまく、社交的な子であった。

山谷はこの時、椅子を、しかも女子に投げるという、常識外の乱暴をしている。以前も乱暴を働いたが、ひどいことを平気ですることに改めて気づかされた。

三学期に入ってからの三度の学級会での発言回数はそれでもまだ山谷次郎が一番多く、その腰ぎんちゃくでいじめられている本山一男が次いでいた。その後、自分たちのわがままを通す発言となり、やがて発言することもなくなっていった。

二月二六日（金）、今年度最後の参観日であり、五時間目の理科「人の成長とたんじょう」の参観後、教室で父母との懇談が始まった。この日に三学期の反省の中で「子供たちの日常の学校生活より」として父母に話したことが、男子児童の姿をよく表わしているのでまとめておく。

一四時五〇分から一六時までの懇談が予定されていたので、三学期の反省は、「一、授業参観から、二、日常の学校生活より、三、定着度テストの反省から」の三つのテーマで話した。

「五年生のトイレの使用後の履物の整頓がよくないが、家庭ではどうか？　子供たちは自己主張が強くなってきて、人に言われたくないという気持ちが強い。そして仲間意識が非常に強い。

給食当番になると好きな食べ物を強い友達に多く配る。きまりや先生の言葉より友達間のルールがそれ以上である。理屈で分かっていても気持ちで出来ない。うそもつく。学校や親の前と、友達の前では顔がまったく違う。

先日、給食の男子のプリンが誰かに食べられて、なくなるということが起こった。調べると、周りは知らないと言うが、席のそばの一人の女子が、本人（男子）があげていたと言った。そこでなくなった本人に聞くと、誰にあげたか忘れたと言う。なくなったという本人に、友達の手前、隠そうという気持ちが働いたからである。

下校時間は守って帰るように言うと、『はい、はい、分かっています』と言う。実際は、サッカーなどで遊んでいて守らず、再度言ってやめさせないとだめである。

では、どうするか。指導者として生きる厳しさ、姿勢を示したい。私がよく言う『親の敬愛』ということなども、基本的なことは何度でも言う。係や当番の仕事や授業の基本など、出来なければやり直させる。叱る時には叱る。叱れる指導者の厳しさを持ちたい。でも、叱らないで生徒たちを認め、信頼、信用する工夫もしたい」

要約すればこうである。特に男子の表われについて、主原因は家庭の甘やかしにあると考えていたが、学校での態度を話しながら、親の姿勢にも希望（要望）を述べたつもりであった。

山谷に注意すると、そのたび「うるせえ」と言うようになり、しなければならない仕事（係や掃除）をさぼって、人にやらせていた。それを取り巻きもまねするようになった。山谷は子分をいじめ、なお従わせて、山谷の「うるせえ」いう言葉や、他の児童や教師に対する態度も、ひどいものに変わっていった。

二学期末の通信票では、これまでとは違った調子で書かなければならなかった。問題は、まず山谷と本山一男からであるが、三学期の後半からは学級運営が麻痺するほど、ボスの支配を作り上げ、その集団へと陥っていく。

ボス・山谷の五年の三学期に入っての様子を、三月二日の生徒指導個票に次のように書いている。

【児童の様子】

●転校生で太った子（鈴木愛）を仲間外れ（その子の触った物は持たない、掃除の時、その子の机を吊ってあげないとか）にするように友達に指示を出す。

●友達の落とした食器を蹴る。

●授業中、立ち上がったり、友達にちょっかいを出したり、トイレに行きたいと言いに来る。
●他児童を支配する傾向が強く、一部の児童は認められようと、悪いことでも気に入られようと行動する（本山一男、原川留男、平田正典、仁藤忠典、鈴本太一らが目立つ）。
●注意されると、そのつど「うるせえ」と言う。
●窓明け係の仕事をたびたび忘れ（わざと忘れ）、言われてからやる。
●本山や長山久らに自分の予定帳（各自持っていて、授業の予定、持ち物、準備などを下校までに書く）を書かせたり、自分の道具をカバンに入れさせている。

【指導したことがら（事後の様子）】

●そのつど注意指導しているが、注意が重なったり、きつく言ったりすると、陰でかえって悪いことをするような傾向が出る（仲間を動かしてする）。

同じ時期の本山一男の生徒指導個票である。

【児童の様子】

●休み時間の後、授業に遅れてくる。教室移動を後から行くことが多い。
●授業態度が悪く、よく立ち上がる。
●山谷の子分のようになり、気に入られようと、悪いことをまねし、山谷の悪いことをかばってさかんに言う。

●昼休み着替えて外に出るように言うが、何度言われても着替えずに私服のまま出る。
●掃除中、自分の掃除場所に行かず、山谷のいる教室で着替えもせずに怠けている。
【指導したことがら（事後の様子）】
●そのつど、きつく注意。

三月四日（木）、二時間目に、近くある「六年生を送る会」のための出し物の練習があった。体育館に五年生全員（五クラス）が集まって、いよいよ仕上げのため全員が外に待機して、入場するところからやることになった。

ところが、待機の状態が悪く、がやがやしていて静かにならない。五人の担任はそれぞれの持ち場があるので、入場指導している女性のT教諭では、なかなか言うことを聞かず、静かにならない。

そのT教諭が私の持ち場に来て、「一番やかましいのは先生の組ですよ」と言った。確かに私の組ががやがやしている中心であった。

組の子供たちに、「先生にこんなところで恥をかかせるな！」と大声で叱ったが、問題の男子児童たちは本当に受け止めていなかった。

この頃から、六年生は受け持ちたくないと思うようになっていた。この子たちを動かせないという感じであった。このような感情は過去三三年間で初めてであった。

山谷を中心として男子児童たちが昼休みに集まるようになったのは、三学期からであろうか。特に何かをやっているようにも見えないが、固まってサッカーのリフティングをしていた。後で問題になる罰ゲームを決めてやっていたようである。

クラスの男子全体が、急激に言うことを聞かなくなり、わがまま勝手な行動を始めたのは、その頃からである。

三月一一日（木）、木下正也の家に手紙を持たせた。掲示してあった児童会の写真の顔に、仲間と鉛筆で傷をつけてしまったのである。たまたま見かけた低学年の子の申し出で、職員が調べた結果、分かり、ひどく叱られた上で、私にも連絡があった。

木下は以前にも、写真にいたずらをした仲間の一人である。今回は他のクラスの子と二人であるが、今度も同様のいたずらをしたのである。

写真は他校と交歓し合って送られてきて掲示したばかりのもので、その数枚の顔写真に黒く落書きがしてあった。正也にはきつく注意した上で、家へ持たせた文面は次のようなものである。

前略　正也君は元気いっぱいに学校のことに取り組んでいます。

さて、先日三月四日（木）の委員会の時間に、正也君が他校から送られてきた児童会の顔写真に、ふざけて落書きをして傷付けてしまいました。

これから六年生の各組に回す予定のものでしたので、修復に写真屋をたくさん当たり、やっと本日直ったものが届きました。

これから最高学年として行動していく正也君にも、しっかり自覚していただくために、おうちの方から修復代の一部（百円・金額は形だけで百円とした）をもらってくるように言いましたので、事情を聞いてあげて、おうちからも上級生としての自覚をしっかり持ってがんばるようにお話し下さい。

お手数ですが、この手紙におうちの方の見た印をして、百円と一緒に持たせて下さい。

3／11　新藤

木下淳子様

山谷次郎は、給食のお盆の上にナプキンを敷くのが学校の決まりであったが、それをやらなかった。私が黙っていると、そのままにしているので、そのつど注意してナプキンを出させた。

もちろん、親も学校の決まりを知っているので、毎日きちんと持たせていた。持っていながら、わざと決まりを破ろうとした。小さなことでも黙っていれば、認めたことになり、放置しておくとさらに他の決まりを破っていく。また、それは他の児童に連鎖していく。

私は五年生の中頃から六年生の終わりまで、この程度のことでという気持ちも起こるが、ずっと注意し、ナプキンを敷いていないと出させ続けた。

私は学習と、生徒とのコミュニケーションの手段として、週に一回、日記を提出させた。これもゆるがせにさせたくないと思い、山谷が怠ると提出するように言い続けた

山谷の日記は、母親も提出に働きかけたようで、五年生のうちは何とか続いたが、六年生の終わりには、途切れ途切れになっていた。

山谷は掃除や係の仕事をやらず、人に命令してやらせるようになったのは、五年生の終わりである。

六年生の中頃になると、クラスの男子全員が山谷の思うままに動くようになってしまう。だが五年生の頃は、平田正典とは対等の関係であったが、時々、暴力を受け、山谷の支配を受けるようになっていった。

そして、山谷と仲の良い鈴本太一が、山谷の支配を助ける程度の働きをしていた。また、山谷に一目置かれ、サッカーのうまい佐藤登が、陰から山谷の支配をサポートしていたのかもしれない。

次は五年三学期の通信票の「家庭へ」の欄に書いた部分である（通信票とは、その児童を伸ばし、良くするためにぎりぎりに使うというのが私の方針であった）。

【山谷次郎】

忘れ物が減ってきて、日記、本読みカードなども、きちんと出すことが出来ました。体育のバスケットボールなどで、チームのキャプテンとしてみんなをうまくまとめることが多かったのは素晴らしかったです。時々わがままになって弱い友達に自分のことをやらせたり、悪い言葉遣いが目についたりしたのは気を付けたいと思います。年間、無欠席はりっぱでした。

【鈴本太一】

忘れ物がなく、出すものなどきちんと出すことが出来るというのが太一君の良いところですから、くずさないようにがんばってほしいと思います。爪、ハンカチなどの身支度もいつもきちんとしています。自分より弱い友達に乱暴していることが時に目につきましたので注意したいです。

（この二人はいじめの態勢を作っていった中心人物であるが、次の二人は友達でいながら、いじめられる側になっていった人物である。一男はいじめられながら執拗に山谷についていった。特に山谷にいじめられ、みんなにもいじめられるようになった。平田は友人関係であったが、次第に山谷の暴力で支配されていった）

【本山一男】

発表が多かったこと、忘れ物などが少なかったことは一男君の良さが出ていましたが、気持ちの上で何かくずれてしまったような三学期でした。時刻を守ったり、学校の決まりを守ることは学校生活の基本ですので、自分の気持ちを立て直して六年生を出発することを期待します。

【平田正典】

体育にはハンカチ、爪、手洗い、うがいなどの保健面での取り組みも良く、サッカーやバスケットボール、縄跳びなどによくばんばりました。

三学期、良くないことでも自分の好きな友達の言うことを聞くという姿勢が見えましたので、正典君本来の広い心で進んでほしいと思いました。「忘れ物なし」を三学期も続けたのはりっぱでした。

四名の、、、の部分は、学級崩壊に至る五年生の終わり頃の様子である。

三月一七日（水）、五年生の終了式の前日、学級だより「はげみ」の最後の一二号を子供たちに手渡した。その中に通信票について、次のように書いた。

通信票をお届けします。縦割りの掃除でも、通学班でも、四月からは校内のリーダーとしてひとり一人が当たらねばなりませんし、委員会活動などで学校の仕事を自分たちで支えていかねばなりません。

それにしては、やや自覚不足の子が見えないわけではありません。自己主張をすることばかり強かったり、実行そのものにとどこおったりするようでは、さっそく六年生としての活動に支障をきたします。

今回の通信票はそういう意味で反省せねばならない点は反省点として、率直に表わさせていただくことに努めました。もし通信票にそのような点がありましたら、良い六年生になるために子供さんと話し合っていただき、不明な点がありましたら、いつでも具体的な例を挙げてお話しますのでご連絡ください。よろしくお願いいたします。

これに対して一人、本山一男の母親から連絡があり、三月一九日（金）、終了式の翌日、午後三時から一時間ほど、一男の通信票のことを中心に話し合った。

　授業などで挙手発表の多いことは褒めたが、給食用の布巾とバケツの用意を毎日怠り、言われてからやる。給食当番の仕事もせず、給食後の掃除のための机の移動も行なわず、外へ遊びに出てしまいます。

　体育の集団行動、理科のグループごとの実験の時など、自分だけ勝手なことをしている。縦割り掃除（場所ごとに全学年でグループをつくり掃除をする）では、班長からしっかりやっていないというカードが何度も来る。掃除での服装規定も守っていない。

　音楽室での授業に遊んでいて遅れていく。体操着で行なう掃除時間になっても、着替えもせず掃除場所にも行かず、仲間と教室にいる。

　こんなことを通信票に書いたことの、具体例として話した。

　三学期、一男の通信票の「学習のあらわれ」と「行動のあらわれ」の評定、評価は下がり続け、社会が「3（よくできる）」から「2（できる）」に下がり、音楽は「2」から「1（がんばろう）」に、家庭科は「3」から「2」に下がった。行動は、優れているもの「A」、それ以外は「B」で、一男は二学期までは何か一つあった「A」の評価が一つもなくなっていた。

　一男の学校での行動が山谷を中心にして、平田や原川などが子分になって共に行動や学習に悪く変化していったことを話した、すると、母親は学校での行動をまったく知らなかったと言い、平田や原川からは電話はあるが、山谷との付き合いは知らなかったと言った。

四　ボスといじめ、学級半崩壊の現実
――平成五（一九九三）年～六年生一学期

平成五年四月一日（木）、午前八時二〇分より新年度第一回職員会議では、校長より新年度担任、係の発表に続いて学校経営方針で帰国子女と、外国人（ブラジル）の入学があるが温かく迎えて教育に当たりたいということから始まり、七番目の児童に直接関係することでは、「どの子とも信頼関係を築く努力を」「公平に」「わかる授業を」「一人一人のよさを認め励ます」「一人一人存在感の持てる教育を」という話があった。

一三時より六年生職員による学年会が持たれた。新六年生の担任は新採用で五年三組の担任だったS教諭が新二年生の担任に変わり、前年度六年生担任であったS・H教諭が今までの五年三組に入り、新六年三組となって、あとの四人の担任はそのまま六年生へ持ち上がりであった。

私は学年会の「ざっとした六年生の学年経営方針」で学年主任として新六年生の経営について五年生の時とほぼ同じ、子供を内面から認め、励まして育てるようにし、六年生になっても素直さのある子供を育てるよう努力する。ただ、六年生は学校の中でも責任のある立場で行動することが多くなるので、子供の自覚を促し、教師の行事などに対する計画、配慮や点検、なども確実にしたいということを話した。

私のクラスの男子の子供たちは、前述のように私の方針に反する表われをしていたが、私の教育手立てをしっかり、しっかりやっていく以外、改めての特別なよい方法は思いつかなかった。

四月五日（月）は新年度の入学式と始業式の日であった。午前に入学式があり、二年生から六年生の児童の始業式は午後一時一五分から運動場で行なわれた。まず新しい担任発表が校長からあり、担任教師は一年生から順に発表されて組の前へ行って立った。子供たちからはそのたび「うへー」という、またかというような声や、「いいなー」という、うらやむような声などざわめきが起こった。

最後の六年生担任の発表に入り、「六年二組、新藤先生」の校長の声で、私が六年二組の子供たちの前に立つと、六年生は担任が三組を除いては五年生からの持ち上がりであり子供たちもほぼ予想していたので、あまり声が上がらなかった。だが、私の時だけ私のクラスの前の方に立つ山谷の元友達で、今は子分の関係になりつつある平田正典の「あの野郎、また……」という聞こえよがしの声が私のところまで聞こえてきた。

私は自分がこの子供たちにとって絶対いい教師だと思っていたし、正典はクラスでもとても素直な子の一人であることは分かっていた。また、山谷の手前、言っていることは分かるが、新年度改めて最初の対面でこのような言葉を聞くのは、担任教師と子供の関係においていきなり顔につばを吐きかけられたような感じがしたことであった。

この日提出になっている新年度第一回目の週指導案簿の記録欄に、新しく出発した六年生（といっても、児童も担任も五年生からの持ち上がりなので同じなのであるが）への取り組みの気持ちを、私は次のように書いている。

私は平成五年度六の二の教科で（教科と言ってはちょっと違うかもしれませんが）一番力を入れたいのはやはり道徳です。

しかし、よく考えると、道徳は今の子供たちをどうこうと変えるものではないようです。子供たちが、人間が深いところに根ざした心で行動するとこうなる、深いところに根ざす心とはこんなものだ、と感じていけばよいのだと思います。それが本物であれば、大人になった時、心の中に残ると信じています。

それには実行の裏付けが一番大事だと思います。実際、実行となると自分すらなかなか動かない感じがしますが、道徳の正味はそこにあるので、軽率に取り扱ったり、説いたりするものでなく、どこまで行っても、こつこつとゆるがせにしないでがんばっていくようなものだと思います。今の子供たちにはその感覚、その道を示されることが少なく、それを紛らせるものが非常に多いと思います。

私の道徳も外にはおおらかだが、内にはこつこつとゆるぎなく、時には必死にがんばり、時には一服してどこまでも進んでいきたいものです。

四月九日（金）、記録（提出は四月十二日（月））の週指導案簿の記録欄に、さっそくどうしようもない子供たちの姿を書いている。

きょう九日（金）、掃除の時間に、割り振った西昇降口の掃除を見に行くと、山谷、利久、登、正也、太一が学校の決まりの三角巾を着けずに掃除をさぼって遊んでいました。掃除の心構えや、これからは学校のリーダーの立場として手本となるよう、身支度からしっかりやろうということを何度も話し合っているのに、教師がいないとすぐこのようになります。

私は掃除には力を入れたいと思っていて、掃除時間には必ず子供と同じ身支度をして各場所へ回って行き、一緒に掃除するのが常であった。この日はよく指導をしておいた学年初めの学級掃除でもあり、その掃除場での行動で山谷が中心になっているのが分かっているので、山谷を残して話しかけていくと、はっきり自分が悪くても素直に反省してくれなかった。

また、学校の決まりとして昼休みは着替えて体操服になってから外へ遊びに出るということは分かっていても、教師にじかに外へ行って注意されるまでは着替えずに外で遊んでいる。

交通安全リーダーワッペンを、一年生の交通事故の多い四、五月は新六年生としてもリーダー意識をしっかり持たねばならないから、毎日必ず着けて来るようにとよく話しておいても、服に穴が開くのをどうする（本山一男）というようなことを言ったり、週末に調べてみると、初めの週なのに山谷、登、久、忠典、仁平、広田、女子で愛が着けていなかったりする。

山谷は授業態度が悪いので注意を繰り返すと、「うるせえ」と言う。一男が山谷をまねて授業中に立ち上がっているのを注意すると、それに似た言葉を言う。

こういう言動は、家庭の甘やかしによるわがままから来ると思います。自分のわがままを妨げられることにいつも抵抗している。私のクラスの男子は実にわがままだなあと思う子が多いですが、その子たちは甘やかされていることが主たる原因ですから、その段階に程度を下げて、ゆるぎなく教育していくしかないと思います。

「家庭の甘やかしによるわがままから来る」と私は再度書いたが、単に家庭の甘やかしから来るとは言い切れないことに気がつくことを後で書いていきたい。

四月二四日(土)、六年生になって第一回目の参観日で私のクラスは二時間目が国語(「赤い実はじけた」)の参観授業をした。その後、昼までのＰＴＡ総会の前の二五分ほどが学級懇談に当てられていた。新年度初めの参観日なので内容は、担任の自己紹介や、学級ＰＴＡ委員の紹介、ざっとした新年度の学校、学年、学級の方針やおさえの説明と、さし当たっての行事の予定の知らせなどであった。

「学年、学級としておさえていきたいこと」の初めに、「上級生になっても素直さを失わない子……五年に引き続いて」を話し、六年生という学年の特質も考え、それに沿って、中学へ行った時によい中学生になれる子の育成をしたいと話した。それには、わがまま、甘やかされをなくしたいと触れた。

そして、学年学級で力を入れたいことを話す中に、会釈をすすめる――「高学年の意識」「あいさつ運動にすすんで取り組む」「友達の呼び方を正しく」「さん、くん、です、ます、がしっかり言える」――のところでは、ご家庭での返事あいさつもしっかり。また「忘れ物をなくしたい」のところでは、「予定」の家での確かめも確実に、場合によっては低学年よりずさんになる。それから「持ち物を整える」では、おうちでもご注意を払って下さい。六年生として確実にしたい。

「薄着でがんばる」のところでは、風邪引きなどで上を着たまま掃除などする時は必ず連絡をお願いします（めんどうくさいとか、冬になると寒いとか、わざと着替えなかったりとか、いろいろな子が出てくるので、うちの人の許可する「書いたもの」を持って来ていない時は着替える、と決めてあった）。

子供たちのわがまま勝手な行動は、家庭の甘やかしによるわがままから来ると考えていたので、年度第一回の参観日の父母との懇談の時間に、それを精一杯訴えたつもりであった。

自分としてのおさえは年度初めに出来ていたが、四月二八日（水）の職員会議で用紙、型式が提案された。私は四月二六日提出の週指導案簿に、「個別の指導で特に取り上げたいこと」として挙げた九人の児童のうち、いじめの発生と学級崩壊にかかわる子供たちのものは次のようである。

山谷次郎……ノート取りの注意をしてやる。持ち物を整えさせる（ノートを飛び飛びに書く癖があり、忘れ物が非常に多く、持って来てはいけない物をよく持って来た）。

本山一男……ウソ、ごまかしの発言を注意してやる。

原川留雄……漢字、計算ドリルの宿題が継続して出るように働きかけてやる。

村木利久……ノートを一つずつ点検して間がすいて飛ばしているところを直させてやる。

鈴本太一……落ち着いてノートをきちんと出来るように指導。

（学級崩壊には関係していないが、最後に一番いじめられる児童となった、原川留雄が主になっていじめたのが）、友達との会話がよく出来ないという障がい児童の山本利子であった。その利子について次のように書いている。

山本利子……発表、話すこと、本読みを励ます。発表カードに言葉を書いてやる。算数ドリルの答えの勘違いを、時々呼んで直させてやる（休み時間）。

全体を動かすのに精一杯の学級担任が、常日頃の学級生活の中で一年通して個人に一貫して目をかけるとすると、このくらいのことが続けば上等だと思っている。

この日、村木利久には月曜日三、四時間目の図工（くらしの中の人々）で、先週に続いてまた絵の具の道具を持って来ていないのでうちへ手紙を持たせた。

前略
利久君、学校では発表もよくしていますが、やや忘れ物が目立ちます。

本日も前回の図工のときと同じく、絵の具の道具を持って来ず、今日の二時間の予定である色塗りの仕事が充分出来ませんでした。

聞いてみますと、僕の絵の具の道具がないというようなことを言っていますので、おうちで調べてみて下さい。

利久君の予定帳をしばらく学校で見るようにいたしますが、おうちでも持ち物、提出する物の確認をお願いします。

村木様　　　　　　　　　　　　　　4／26　新藤

春の遠足で山谷次郎の子分になって、今までもそのようなことをした子は学校が始まってからも、ほとんどいないだろうと思われる遠足途中の買い食いをして食べ歩いた村木利久は、極端な忘れ物の常習犯であり、直されても直されてもノートを飛び飛びに書く子であった。

四月三〇日（金）は、前日の二九日（木）が「みどりの日」で休日、翌日の五月一日（土）を置いて二日（日）から五月の連休に入るという休日に挟まれた日であった。

この日、T小学校は春の遠足で、五、六年生は学校を八時三〇分に男女六人ずつのグループごとに出発し、グループごとに選んだコースでI市M地区の寺、神社を回り、一二時までにK公園に集まり、後は全体で行動して学校へ帰るという、半日がグループ行動のウォークラリーの形式である。

例年、春の遠足は全校、弁当だけで、菓子などは持って来ないことになっていた。私は五年生の経路になっているM古墳へ先に出発して、やって来る五年生の三二のグループの通過を確認し、九時三〇分頃、O教諭の車で六年生の最終集合地のK公園へ行き、今度は一一時頃より到着し始めた六年生の三一グループの確認をしていた。

そこへK歩道橋で五年生グループの確認をして、五年生の最終集合地のI公園へ行く予定になっていたH教諭が、六年生のK公園へ回って来て、六年生の到着を確認している私に、「先生の組の山谷らが買って食いながら歩いていたので取り上げた」と言って、スナック菓子の袋を二つほど手渡していった。

全校いっせいの遠足の日に、六年生が率先して公然と決まりを破っているのである。やって来た山谷たちのグループを横に待たせておいて、到着の確認を済ませると、六人の子に事情を聞いていった。女子三人（松上裕子、家丘しず子、上木友子）は、離れていたのでよく知らないというようなことを言った。

後で考えると山谷に、口止めされていたか、見て見ぬふりをしていたことも考えられるが、菓子を食べていたのではないので、解散させて、菓子を買って食べながら歩いた、このグループの班長になっていた村木利久と山谷次郎、平田正典の三人にとがめることと反省を促していった。

山谷が中心であり、山谷が誘い、山谷があとの二人にやらせていることは明らかであるので、山谷を中心にして話しかけていった。私は何とか子供たちを肯定したいという気持ちでいろいろな角度から、そのような行動が全くいけないことを反省してくれるように話した。だが山谷は、そういう行動をすることを初めから固く心に決めていた如く、何を言っても反省したり、悪かったという様子を全然表わさなかった。

三人から聞いたところでは、一部の菓子はうちから持って来て歩きながら食べ、お金は利久が持って来て、その金で三人で店へ入って買ったということであった。

長く注意したあと、みんなも、もう弁当を食べている時間であり、私も、もうどうしようもなく、最後の言葉を「六年生として頼むぞ」と信頼したいという気持ちを表わすように、山谷の頭に手を軽く置こうとすると、山谷はその手を避けるように少し頭を横へよけた。

私は、ああ私の気持ちを受け止めてくれなかったな、という暗澹とした気持ちで別れていく山谷たちを見送っていると、ばらばらになって分かれていく三人のうち、山谷が村木利久に対して「とし」と小さい声で呼びかけた。利久は振り向いて立ち止まると、山谷の方へ向きを変えて山谷について行った。これで私は子供たちの悪いつながりの糸も切れなかったことを感じた。

いつもおいしい、家内の手づくりの弁当も、この後、山谷たちの行動のことで頭がいっぱいで、味気ない昼食となった。

一五時二〇分、帰りは組ごとに並んで帰り、学校で解散後、とにかく行動を起こしている山谷が反省していないのでは始まらないので、頃合いを測ってうちへ連絡を取り、山谷のうちで親と一緒にもう一度反省を促そうと考えた。

月末統計の出席簿の整理などを済ませ、親へ連絡を取ろうとして電話をしたが、不在で通じない。大手メーカーに勤めている父親は国外へ出張していて、たまにうちへ帰って来るだけということはすでに聞いていたし、母親も勤めで夜七時でも、うちへ帰っていないことが多いということも聞いていた。だが、山谷のうちだけはとにかく今日のうちにと思ったので、その日の管理当番の職員が玄関の錠を閉めるまで学校から電話してみたが、やはり母親は帰っていなかった。

その日は、遠足だったのでやや疲れたこともあり、職員の下校も、遅くまで残る人もなく早かったし、五、六年職員は遠足の慰労反省を兼ねて一八時三〇分からI市内の料理屋の「M」で一杯会を予定していた。

私も参加の予定であったが、遠足が無事終わり、連休を前にしていても、とても宴会の気分ではなく、とにかく山谷のうちで親と一緒に山谷にもう一度反省を促さねばと、学校の外をぶらぶらしながら宴の方は遅れてからでも行くつもりで連絡をする。だが母親は帰って来ず、とうとう午後八時頃まで学校と山谷のうちの間でうろうろして過ごしてしまった。八時を過ぎて今度は、やっと帰ってきた母親に話したが、「すみません」と、かしこまるだけで、子供は出てこなかった。宴へ出るのも結局やめて、九時近くうちへ帰ってきた。

私はこの日のことを、詳しく記録していない。週案簿にも、これだけ私の心に大きな打撃を与えた事柄であるのに記録していないのは、そのことを書きたくない気持ちであったに違いない。その時は、そのことに全く触れたくない気持ちであったからだと思う。

このことは親とも手紙では扱いたくなかったので、誘われてやむを得ず仲間になったことが明らかで、一番気掛かりではなかった正典のうちで、連休明けの五月六日の家庭訪問一日目の折に、この話を切り出した時は、母親はすでに知っていた。ということは、山谷に誘われて断わり切れない正典は、自分の心にもない行動をしてしまって、後で自分の心がとがめて、帰ってから母親にその日の遠足のウォークラリーの間に、学校の決まりを破って山谷や利久と一緒に買い食いをしながら歩いたことを話したようだ。正典はそれだけ素直で、まじめなところのある子であったと思う。

母親はもう認めていることであり、正典の側に立っているという感じで、私の方から、もう、そのことに触れていったり、親の前でとがめていく余地はないという様子だった。

さりげない記録になったが、ここの、このことが非常に大きな意味を持つ。

まず、正典のようなよい子でも、友達に誘われると、それに入ってしまうということ。

もう一つは、こんなよい子の親も、その子の悪いことに、子供に寄りかかられると、子供の方に味方してしまうということである。

この場合、親は当然それを咎めねばならず、教師に相談しなければならず、また子供が事件を起こしてしまったなら、教師の問いかけに対して、少なくも自分の子供の非行を謝らなければならないのである。

五月一日（土）に週案簿の記録欄に、その頃の授業について次のように書いている。しかし、まだこの頃は男子も発言していた。

国語「赤い実はじけた」が終わりました。終わりの感想を書かせて発表を促した時、太野広美、野村亜衣、中村綾子、寺本裕子、村部里香などの女子が、「わたしの赤い実はいつはじけるのかな」というようなやわらかい発言を進んでしました。しばらくぶりに、授業の発表でとてもよかったなと思いました。

この教材は、名木田恵子というやや流行作家めいた人の「淡い恋愛感情の物語」という作品で、私は国語教科書に載せるにはちょっとどうかな、と言いたい作品なのですが、子供たちは割にまじめに、しかし、やや不消化に学習したように思います。

しかし、良かったのが、女の子たちが自分の主観を出す場面になると大抵引っ込んでしまう時が多いのに、今日は自分から、それもだいぶ自分を出した発言をしていました。クラスの授業中の発表の雰囲気が、わがままな児童の勝手な発言で固くなってきているのではないかと思っていましたので、こういう発表する女の子たちがいることは、やりようでは、そうでもないのだな、大事にこういう雰囲気を育てねばな、と思った次第です。

男子は、広行、留雄、登、長山久が良い発言をしました。

この頃、いじめられる中心になり、また自分より弱い者へいじめをするようになっていた本山一男が、あれほど毎日きちんと提出していた宿題の算数プリント（一〇分か一五分で出来る）などを時々提出していない日が現われたり、続いたりするようになっていたが、その原因の一つに、他児童に私物を隠されるということがあったようである。

それは、一男は配られた宿題プリントなどに先に名前を書いておく習慣を身に付けていたが、名前は書いてそのままのプリントに、他児童の字で「ボコボコ一男」（いじめに会って殴られて頭がこぶでボコボコになるという意味）と、下品ないたずら書きしたものが、教室の一隅に隠されているのが見つかったり、一男のきちょうめんな字の宿題の漢字書き取り帳が、九か月後の、卒業後の私の教室取り片付けの時、思いがけないところから見つかったりしているからである。

五月一〇日（月）、採点したテストを子供たちへ返していると、山谷次郎が自分の受け取ったテストの点の悪いのを見て、いきなりそのテスト用紙をくしゃくしゃにして投げ捨てた。私は叱ってすぐ拾わせ、しわを伸ばしてしまわせた。

五月一二日（水）、六年の学年経営案と六年二組の学級経営案の提出があった。

学級の悪い雰囲気を食い止めるためには、いろいろ考え具体的なことも試してみたが、学年と学級経営案の中から、そのための目立つことを拾っておく。

【学年経営案】

生活指導の重点

○子供と常に共にあるよう心がけ、子供の心や生活をよく摑んでいるようにする。

○忘れ物や持ち物、身支度について常に細かく点検し、諦めずに根気よく指導に当たる。

道徳指導の重点

○集団、公共心、国や国際理解などについて深く考えさせる。

○実践化できるものは、実践表と結びつける。

特別活動指導の重点

○たてわり清掃には、リーダー意識をしっかり持って取り組ませる。

○委員会活動は責任を持ってやり抜かせる。

○旗揚げ当番や、階段掃除などみんなのための仕事に誇りを持って取り組ませる。

学年目標の「友達と協力して、みんなの役に立つことをする」の目標具現の方策

1、六年生としての自覚

・掃除の身支度を整え、時刻を守らせ、ノートの点検をする。
・委員会活動の様子の点検。
・静かな教室移動（並んで特別室へ）。
・六年生としての仕事（階段掃除など）の点検。
2、東部っ子のきまり
・あいさつ、会釈運動。
・「さん、君」を意識させる取り組み。
・のぎわ遊びや学級の昼の遊びの計画充実。
・善行コーナーの奨励。
・学習用具の持ち帰りをきちんと。
3、自主的な活動
・集会活動、クラブ活動、委員会活動、学級の係活動を自分たちの手でもり上げる工夫をさせる。

【第六学年二組学級経営案】
学級経営の方針
・道徳指導の重点
○人の迷惑になることや、学校や学級の決まりを守らないものに、そのつど指導する。
○父母の敬愛、国、公共心などを深く考えさせる教材を重視して採り上げる。

○あいさつ運動を盛り上げる。
三つの学年目標の目標具現の方策の中より、
○筆入れの中や学習用具の点検管理
○旗揚げや、階段掃除、委員会の仕事、掃除リーダーなど、六年生としての仕事が確実になされるよう、点検し、やり方を整える。
○薄着でがんばる指導。

これらのことは、文字の上だけのことでなく目標は達成されなかったにしても、学年の終わりまで、具体的な形で実践は続けることができたと思っている。

五月一四日（金）、朝の会の「先生から」の時間に学級のボールの使い方について確かめをした。昼休みや、休み時間の子供たちの遊びや、運動のために全学級にドッジボールが一個ずつ、学年、組をマジックで書いて学校から各クラスに渡されていた。ほとんど男子が使っていたが、最近たびたびボールをなくしてしまうのである。

持って出た人が持って教室の置き場へ戻すとか、最後に手にした人が持って帰るとか、ボールを管理する仲間を決めるとかしたが、それまでは何とか教室へ返っていたボールが、学校のボールはとっくになくしてしまい、私が私費で置いたボールも何個めかを最後に片付ける人がいなくて、置き放しでなくしてしまう。

自分たちが遊べなくて困るだろうと思うのに、そのたびに、私が気づいて言い出すまで、そのままにしているようになった。お互いに誰かが持ってくるということが出来なくなってしまったのである。その時の遊んだ仲間で持ち帰るためのルールをいろいろ決め直したが結局だめで、このしばらく後に、私も私費でボールを補うということもやめてしまった。

五月一八日（火）、山谷の一の子分の鈴本太一が本山一男と六年三組の川田一光を廊下の角へ呼び出し、けんかをさせるということが起こった。山谷のほかの子分や、隣の三組のあまり生活のしっかりしない仲間などが取り巻いて眺めていたようである。

一男に聞いて調べたところでは、その日、朝の会のうちから話がついていたようで、二時間目の休み時間に廊下の騒ぎを感じて私が行った時には、一男が押されてぶつかったはずみで、羽目板が一枚割れていた。川田は小柄で地味な子で、五年生の頃、一男とは一緒に遊んだこともあるということで、結局、山谷とその取り巻きたちにやらされたわけである。

その後、次の日の二時間目後にもまた、けんかをしていて、放課後、一男にゆっくり話を聞き、またその翌日の五月二〇日（水）に二人を呼んで仲直りをさせ、また学校の器物を壊したということで、教頭のところへ謝りに行かせた。

後で考えると、この二人の取り巻きも調べ、正していかなければならないのであるが、その時は、私もその方に気も心も回らなかった。

五月二四日（月）、六年五組のO教諭から、自分の組の山本良介の親から、良介が本山一男に金をゆすられている、場合によっては他の機関へ言うつもりでいるから、学校で厳正に対処してもらいたいと言ってきている、相手の親はかなり深刻に考えているようだと連絡があった。その後、山本良介の父親が学校へ来て私と話し合った。

二五日（火）、一男を呼んで調べてみると、一男と通学の方向が同じ山本良介の通学班長の持つ黄色の旗（学年初めに各通学班長と副班長に登校時の下級生指導のために渡してある）を一男が取り上げ、返してやるから金をよこせと言い、旗はその時返した。その後、山本良介も行っているそろばん塾で出会うと、やはり一緒にそろばんに行っている組の原川留雄を誘って、二人であの時の約束の金をよこせと良介を責め、五〇円を受け取ったというものである。

一男の親に電話で連絡を取ろうとしたが、不在で午後六時半、七時半、九時、九時半と電話した。だが両親とも帰って来ず、次の日になってやっと事情を話し、親と一緒に金を返しながら謝りに行くということにした。

一男には、返したら報告するようにと言っておいたが、週末の土曜日になっても何も言って来ないので、親に連絡を取った結果、次の月曜日になって一男の持って来た手紙が次のようなものである。

新藤先生

昨日お電話を頂き、一男のけじめがしっかりついていないことにあらためて気づきました。先生と、「事後、報告をするように……」という約束があったことも存じませんで、誠に事の重大さを本人が感じていない事のようでした。

ハキハキと対応の出来ない態度に本当に情けない思いです。

本日、父親と二人で小一時間話し合いをしました。

お金の価値観。弱い立場（二対一）の山本君をいじめたこと。そろばん塾へ行っている意味はなんなのか。友人関係のこと。小遣いについて。山本君にとって五〇円がどういうことか。お金の返し方について。今後について。等々。

父親がいっしょに行ってそのかげでボソボソ言っている一男では、山本さんにとっても、本来の謝罪に思われないと思いました。親としての不行き届きな面を謝罪に行かなくてはいけないかとも思いましたが、前日にお電話にて一応済ませているつもりでしたので、ここは一男本人がどこまできちんと一人で訪問して気持ちを述べられるかを重視してみたいと思いました。

親が頭を下げるよりも、まずは本人が悪いことをしたことをはっきり認めることに、今後の道を見出したいと思います。本人にとって山本さんのお宅の敷居がどれほど高かったか……。親御さんがどう思っているかを説明しましたので、何とおっしゃるか、内心びくびくしていたのだろうと思います。

本当に真剣な面持ちで出掛けて行き（ご両親だけがいらしたのか）、お父さんはうなずいておられ、お母さまは「分かればいいよ」というようなことをおっしゃったそうです。

先生がきのう示唆された方法とは異なることになったかもしれませんが、親子二人で出した方法をご報告しておきます。

明日、先生に本人から説明するようにもう一度念を押しました。

この件については本当にO先生にも多大なご心配をかけまして、よろしくお伝え下さい。

今後共御指導の程お願い申しあげます。

五月三〇日

「友だちのよいところを見つけよう」の目当てにもかかわらず、山谷とその取り巻きによる本山一男へのいじめが、六月に入ると目立つようになった。

六月七日（月）、放課後、部活後に教室へ来てみると、一男が山谷次郎の宿題の漢字帳を書かされていて、そばに山谷とその取り巻きの鈴本太一と正也がいた。

この日午前中に山谷がそれとなく一男を殴っているのを見かけた。

六月八日（火）、山谷が一男の机の中の物を出して散らかしているのを見かけた。二人を呼んで聞くと、二人でそら（嘘）を使う。一男に聞くと、被害を受けている一男自身が否定するのである。

六月一〇日（木）、教室で放課後、一男が正也の宿題の漢字帳を書いている。そばに山谷がいる。

六月一一日（金）、一男の漢字帳が教師の入れ物の中へ隠されている。太一と正也が一男に手を出す。

六月一四日（月）、山谷は給食前に一男に暴力を振う。給食当番であった一男が、山谷の物を少ししかつけなかったとか。言い争いになって、ばかと言ったとか。一男は、おればかりなんで（いつも殴られる）と泣く。それでいて、給食後に二人を呼んで事情を聞くと二人でそらを使う。

六月二五日、給食時間、一男が自分のデザートのプラスチックの中味が、いつの間にか空になっていると言い出した。周囲に目がある時間なので、そばの子に聞いたが、回りの席の広美、登、忠典、由子は聞いても黙っている。近くの班の鹿谷久子は、そんなはずはないと否定（一男が自分で食べたということ）、結局、自分で食べて忘れたのだろうということになった。

放課後、大村仁美と金子美子が「(近くの席だった) しず子さんが、山谷さんが食べたところを見たと言っていた」と私に話す。

このような回りも絡んで、奇怪な事件がしばしば起こるようになってくる。

六月二九日、山谷が利久と、隣の一組の川島を呼んできて、三人で一男をささいなことで言いがかりを付けて責めている。後で利久が一男を蹴っている。

六月三〇日、一男が自分の仲間で、組でただ一人、自分と対等か自分より弱いかと思える原川留雄を昼休みのドッジボールの時に蹴る。この頃より一男が留雄にしきりに手を出すようになる。

六月の私の週案簿の記録欄には、山谷と一男を中心にした組の男子児童の問題行動ばかりを記録している。六月中の記録を続けて挙げる。

山谷次郎はとにかく決まりに従いたくない。本山はボスの山谷に自分を認めてもらうために、しきりと決まりからずれた行動をする。原川留雄は自覚がなく、価値観があっちへ行ったりこっちへ来たりしていて、友だちに認められるとなると、衝動的に何でもやってしまう。山谷と仲の良い鈴本太一の行動の原理はやはり甘えだと思うし、木下正也もしっかりした行動が取れないのはやはり甘えだと思います。

五年生の頃から問題行動や徴候は全部出ていましたが、六年生になって子供たちの自我が大きくなり、顕著になってきたのと、やはり私の指導に甘さがあったかと思います。

（この時、私は指導の甘さと書いたが、指導の手数、指導の技術では、私のそれまでに築いてきたベストをふるったことは間違いない。思い出してみて、五年生の五月の新幹線を授業中に立ち上がってのぞく児童を、もっと断乎としてやめさせるべきであったか、ということが一つ、具体的には頭に浮かぶだけである。

もう一つ考えられることが、今までの私の指導で、私自身もっと未熟であった段階でも、この時のような男子たちがそろって言うことを聞かなくなってしまったことはなかった。だから指導の甘さのみが決定的な原因とは言えないように思う）

わがままが基ですから、また、甘えが基ですから、原則的な決まりや、みんなとして守らねばならない行動規範一つ一つをがんばって（教師の私の方が）守らせることに努めたい、心がけを強くしたいと思っています。

別の日の六月の指導案簿の記録欄には、

集団には、「赤信号、みんなで渡ればこわくない」的な作用があります。たとえば、授業の開始時刻に遅れて来るのに、みんなが遅ければ自分もあまり気にせずに遅れて来る場合です。二、三人の遅れの基をつくる者がいて、それに他の児童が倣《なら》うようになります。

そして、悪いことには、その雰囲気の中では駆け足をして早くしようとすると、みんなと逆をするために異端視されるような心理が生じることです。こういう集団の中で一人を叱ると、「自分だけ」という言い訳を持ち、全部を叱ると叱り切れないし、みんなが何か言い訳を言って叱りの効果が薄まってしまうという作用があります。

こういう時に、実に悪い作用だなぁと、つくづく思いますが、私のクラスに限らず今、教育の中で多くこの状況が現われているのではないかと思います。これに対応するのには、

（1）　正義に基づく。
（2）　努めて正しい形にと、出来る範囲ではやり直しさせる。
（3）　直らないかもしれないが、いきなりでも駄目、だんだん直す。
（4）　根気よく、整えることに体力づくで闘う。

（ちょうど、この記録を書いた頃であったろうか。私は授業は教室でも、運動場でも、始業時間には、子供の方はどうであってもきちんと教卓の後ろなり、運動場の所定の位置に立っているのを常とした。この頃、子供たちの授業への遅れが目立ってきて、遅れた場合は、教師に理由と謝りを言って席に着くように決めてあったが、「赤信号……」の心理でますますひどくなってきた。授業に遅れて来る常習犯の本山一男が何かひとこと言い訳と謝りをちょっと言いながら、授業が始まって私の立っている教卓の前を通り過ぎようとしたのを、腕を捕まえて引き寄せ、数分間、力づくで押さえつけていた。

いけないことは本人ともども分かり切っているし、この時遅れてきた数人の中で最も遅れて来ることの多い一男なので言うことは何もないし、ただ力づくで捕まえていただけである。

一男は「離してや」と言いつつ六年生の力で引っぱるが、今日は断然許せんと、引き寄せたままなので、一男は向かってくる姿勢を示した。が、私の力が上まわっているので、終わりには泣き声めいた声になってきた。それでも離さずしばらくそのままでいたが、とうとう離してやった。席に着いている他の子たちは黙って見ていたように思う。

このことがあってから、授業の教室へ遅れて来る子は、それほど目立たなくなったように思うが、運動場の体育などでは一層ひどくなっていったように思う)

前述のような指導案簿の記録はこの月（六月）だけでも、これ以外に二、三書き残しているが、男子児童の行動と姿勢はいっこうに改善していない。

七月一日（木）、小松（学級委員）と正也が、教師用戸棚の、給食用のはしを忘れた子供に渡すように入れてある割りばしを、黙って出しているのを見かけて叱る。はしを忘れた場合、私に断わって割りばしをもらうように五年生からしてきたからである（この割りばしは私の私費で置いたもの）。この戸棚や、その前の教卓の引き出しなどは、先生の私物の入っている場所であるから、黙って開けたり、中の物を出してはいけないと、何度も指導してあることである。

この頃から、教卓の引き出しや、教師用の戸棚が教師のいない時に、頻々として開けられるようになり、今の割りばしや引き出しの中の輪ゴムや、鋲《びょう》などがおもちゃとして持ち出され、注意を与えて新しく置いてもすぐなくなってしまう。そのため公物はおろか、私物もうつかり置けない状態になってしまい、教師用の戸棚や引き出しは、ほとんど空に近い状態になっていた。

七月二日（金）、山谷が何かの折に、教師に向かって「こいつ」と言う。

七月三日（土）、五年生時の本山一男の絵のことについて書いたが、六年生になっても、一男は何度か絵やポスターの作品を、五年生の時と同じような態度で提出しているが、この日、五月一一日に出した虫歯予防週間のポスターの賞状が来た。学級の朝の会の時間にみんなの前で渡そうとすると、一男はいらないと言って賞状を取りに来ない。それでも渡そうとすると、教師の手から自分の賞状をもぎ取っていきなり破ってしまった。

また、この日は六年生になって二回目の参観日であった。一時間目と二時間目が授業参観の時間となり、父母と担任との懇談は一〇時二〇分から一一時二五分まで、子供たちを帰した後の教室で行なわれた。

この日、私は教室の入口に置いた参観日の父母の出席表の横に、「学級のことで、特別お話したいことがありますので、ぜひ懇談にお残り下さい。担任」と、メモを添えておいた。授業の参観は全員の父母が見てくれていたが、懇談の方には、問題の中心になっている山谷次郎と、鈴本太一、仁藤忠典の親は出ていなかった。

私は一学期の反省、学級としての反省、学級の様子は、ということで、学級の困った状態と、家庭での父母の協力について話しかけていった。

学級は、特殊な能力、素質、性質の子が数人いると、その雰囲気にどっと流れる。二組は将来の大物がいるということなのかもしれないが、来年の中学での表われも気になる。申し訳ないことであるが、いじめがあるのではというご心配があるが、現在の二組にはあると言わざるを得ない。

私は六月二五日の給食の時間の出来事を例にとって、学級内に他児童に言うことを聞かせる、他児童に何かをさせる、弱い子に言うことを聞かせる、他の子も呼んできて何人かである児童に何かをさせるような雰囲気があること。暴力を受けた子が、一緒に遊んでもらわないといけないので、暴力を受けたことを否定すること。うそが多いこと、「ちくる、ぱくる、うるせえ」などと言う言葉が多いこと。弱い子も一緒に遊べるようになった面もあり、弱い子も地位が上がったと言えるところもあることを、まず話した。

そして、学年目標と結びつけながら学級児童の問題点を話していった。

男子児童が崩れていること、こっちがあいさつしても黙っている。教師のことを、「ぼけ、くそじじい」と言いたがる。そういう児童がちょっと重なって学級の雰囲気がよくない方に流れている。

T小は六年生の学年の目標として「転入児童や、外国人児童をあたたかくむかえ、友達どうし、仲よくはげまし合って」ということを掲げているが、六年二組の男子の中には、下級生に手を出す子や、呼びつける子がいる。

学習面では、発表の積極さをなくしている。学習に集中できない子が増えている。注意するとふざけたことを言う。回数や頻度が多く注意しきれない。最低、授業においては、人に迷惑はかけさせないというつもりでやっている。「小学生としての漢字の力をしっかりつけておく」「計算の苦手なところをなくす」という目当てを立ててやっているが、男子はそれに従わない。

「持ち物を整える」では、学習用具なども机の中などに置きっぱなしで、持ち帰るべき物も、持ち帰りが出来ない。ただ、女子はしっかりしている。安定していてやさしい。劣る子をかばう。積極さには欠けるが、女子には強い行動を期待している。

私としては、つとめて子供といる。間違ったこと、人の迷惑になることはさせない。やり直しをさせる。子供にとっては学習が大事、（一日、五時間や六時間をその中で過ごす）その中で強くなることが大事。今はこのような姿だが、いつまでも今のままではない。子供の社会も変わる。子ども一人ひとりの体力も変わる。人間関係も変わる。しかし、今としての一人ひとりの生活をしっかりしていくこと。みんなが強くなり正しくならなければ、今の学級の姿の根本的解決はない。

こんなことを、父母にも学級のことを知ってもらい、考えてそれなりの心を持って対応してもらうよい機会だと思い話した。

そして、家でもよく気を付けてもらうこととして――①やるものをきちんとやる。漢字、本読みカード、日記、予定帳など。②給食ナプキン、赤白帽、体操服、マスクなどきちんと持って来られるようにする。③持ち帰り、物の整理をきちんとする。④お金のことに気を付ける。⑤決まりを守らせる。⑥遊び道具を学校へ持って来ない。⑦暴力その他いじめなど隠しておかない――の七つを挙げた。

根気で、とにかく一人ひとりが少しでも、しっかりしていくしかない。みんなが強くなり、みんなが正しくなり、悪い傾向を薄めていき、よいものの方が大きくなっていくようにしなければならない。

短い時間なので、一方的に私がしゃべっただけであったが、父母は黙って聞いていた。この日の懇談の内容は整理し、箇条書きにして七月六日の学級だよりで確認しておいた。

七月六日（火）、本山一男が、教室の花瓶用にと見事なシャクヤクの花を持って来た（この子にして、この子の家の母親の教育姿勢が思われるのである）。

七月八日（木）、素直で落ち着いている女子の中で、一人、時に問題を起こす鹿谷久子が今日は授業中私語をやめず、三回言われてもまたしゃべっていて、素直さがなかった。夜八時五〇分に山谷次郎の母親から私の家へ電話があった。うちの子が渡したはずのない五〇〇〇円を持っているのに気づき、問いただし、鈴本太一の家へ次郎を連れて返しに行ったというのである。親自身が事情をよく聞き出していず、ただ五〇〇〇円というお金に驚き、出所だけは確かめて、次郎は預かったお金と言うが、とにかく返させたということであった。

続いて、その夜の九時に鈴本太一の母親から電話があり、参観日に体が不調で主人が出席したので懇談に出ずに帰ったという断わりから、山谷さんから電話があって、子供同士のお金の貸し借りがあったようだが、次郎君がうちの子にお金を貸したか、という問い合わせなので、太一に聞きただして貸してないと返事をした。

ところが実際は、太一が五〇〇〇円をあげたということなのである。何でも、罰ゲームを行なったところ、太一とクラスのもう一人の子が負けて、もう一人の子は、裸で踊ったが、太一はそれがいやなので、五〇〇〇円を出すことにして、それを受け取るのが山谷君になったというのである。それで、今日の夕方、お母さんと次郎君で五〇〇〇円をうちへ返しに来たという電話であった。

私は電話を受けて、もう終わったことのように受け取ったが、翌、金曜日にとにかく校長に報告をした。今から私が調べても、子供たちがそれで何かを正してくれることはなさそうだし、子供たちはそのことに関する核心に当たるようなことは話さない、というのが私の感じであったが、G校長は徹底して調べた方が良いと話した。

その翌日、七月一〇日（土）に私は週案簿の記録欄に次のように書いている。

金曜日はありがとうございました。

先生のお話から、つい手を入れかねている自分を感じさせていただきました。

山谷の家にはその夜（金曜日）訪問して話を聞いてきました。自分の子供は、お金を預かったとしか言わないので、相手の家に行って、相手の子供の口からどういうお金か分かったということでした。しかし、山谷の母親も、自分の子供からはほとんど聞き出していず、そのことを誰が言い出したかと、その場に誰々いたかがはっきりしません。

誰々ということと、それを言い出したもとは誰かということは、非常に大事なことですので、月曜日（一二日）に相手の鈴本太一にまず聞き、その後、山谷との関係がなるべく遠いような子から聞いて、誰々が関係していて、誰が言い出したかを出来るだけはっきりさせてみたいと思います。

最後に、山谷に聞き、山谷の家にもう一度行った後、クラス全体にお金のことを遊びに絡めるようなことをしないように、指導を持っていきたいと思います。

一二日（月）の朝、まず五〇〇〇円の金を山谷に渡した太一を呼んで聞いた。太一の話から分かったことは、このところ男子たちは六月の終わり頃から雨が降り続いていたこともあって、昼休みに校舎から体育館へ行く通路が、屋根があり下もコンクリートなので、六年二組の数人が毎日たむろして遊び場にしていた。

七月八日（木）は、山谷、太一、原川留雄、本山一男、村木利久、仁藤忠典、平田正典の七人でボールを使ってリフティングをしていて、三回落としたら罰をすることを決めた。結果、原川留雄と、どうしたわけか運動神経のよい太一が失敗し、留雄は放課後、教室でやった人の集まっているところで、真っ裸になって踊るという罰をやり、太一はうちへ帰って再び自転車で学校へ来て五〇〇〇円を山谷に渡したということであった。

太一の話は「知らない、忘れた」が多く、言いしぶり、言うことも途中で変わったりして、これだけを聞き出すのがやっとであった。親がまず聞き出して教師に親から連絡のあった太一さえこの程度だから、初めてこの事件について聞かれる他の児童たちは、しゃべりたがらず、知らない、知らないと言いたがった。

この日の昼休みに、この仲間では一番正直で素直と思われる平田正典に聞いた。

1、いつ、どこでやったか。誰がいたか。
2、どういうルールでしたか。それは誰が言ったか。
3、失敗した人はどうなったか。
4、金はいつ受け取ったか。

この四点は、誰にも必ず聞くと決めて聞いていった。

仲間のことなので、どの児童もあいまいな言い方だったが、正典から聞き出したことは、「お金を渡したのは知らない」「留雄君の踊ったのは知らない」「太一君は、お金をやるから許してと、太一君から言った」ということである。

七月一三日（火）、朝、村木利久を呼んで聞いた。「もう一つの選べる罰は軟派することである。それをお茶すると言う。組の女子の誰かに抱き付くことで、誰か仲間が見ている時にやることである」「留雄君が罰をやったかどうか知らない」「太一君がお金を渡したか知らない」ということであった。

その日の昼休みに、原川留雄を呼んで聞いた。「エッチするという罰であった」。「真っ裸で踊る罰を、君はやったと他の人は言っているが」と聞いていくと、初めは「僕はやらない」と言ったが、聞いていくと後で、「通路でズボンを脱ぎました」と言った。「太一君は、お金を渡したか知りません」ということであった。

七月一四日（水）の昼休みに本山一男に聞いた。「五〇〇〇円と決めてやった」「負けた人はどうなったか知らない」「太一君のことは、みんなが山谷君に五〇〇〇円やったと言っているのを聞きました」と、意図的にあいまいに答えているような返事であった。

七月一五日（木）、朝、他の五人に聞いたところで、最初に聞いた鈴本太一に、もう一度聞いた。前に言ったことと少し違っていたり、詳しくなっていたりしたが、次のようであった。

「ワンバウンドのリフティングをやり、ツーバウンドで落とすと罰にするゲームをやるかと、山谷君と僕の二人が言い始めました」「罰は三回失敗すると、裸で踊る、と女子に抱き付くのどちらかにすると山谷君が言い、罰は二つのうちどっちか選べる、と、僕が付け加えました」「あせり過ぎで僕は失敗し、後で山谷君が五〇〇円でいいと言った」「金曜日（翌九日のことになる）朝、教室で渡しました」という答えであった。

その日、昼休みに、仁藤忠典に聞いた。「T先生に用事を聞きに行っていたので、初めの話は聞かなかった」「遅れて帰ってきて、ぼくがやったのは二、三分です」「太一君のことも留雄君のことも知りません」「負けた二人は知っていました」ということである。

七月一六日（金）、朝、平田正典に、最初の時はひどくあいまいな答えであったので、もう一度聞いてみた。「初めに、みんなで決めた」という以外は、どういうルールでしたのかということさえ、やはり言わなかった。

夏休みを次週の水曜日からに控え、短縮日課や特別日課に入っていて、土、日を前に急ぎに急いでやっと事情をなるべくこっちが把握してからと、残してあった問題の中心の山谷次郎にかかった。

他の子供たちは短縮日課でもう下校しており、山谷だけを残して帰す時間がなるべく遅くならないように気にしながら聞いていった。

山谷は反省している様子はなく、言い方もぶっきらぼうで、ほとんどこっちの問いかけに答えなかったが、やっと、「ルールはみんなで決めた」「五〇〇〇円を決めたことは知らない」「太一が決めた。（罰を）やるのがいやだから」「（自分が）暴力しているのは、むこうが悪いから」と言った。

あとは何を聞いてもしゃべらず、一時間近くたって最後に、「一つだけ言ってやらあ」と言って、「五〇〇〇円くれと、おれは言ってねえよ」と言った。その態度と物言いは、五年生のこの頃の山谷とくらべて、まるで自分を別人につくりあげて演技しているという感じであった。今回のことに関してほとんど反省していない様子であった。私はまともに見たことはなかったが、当時民放テレビではやっていた「クレヨンしんちゃん」の言動を重ねて思い浮かべていた。

その日、母親が勤めから帰った頃を見計らって、太一のうちへ行って話した。その後の山谷の母親には、母親では次郎に示しが効かないと思えたので、父親とも話したいと言うと、海外出張から帰る八月にと言った。

七月一七日（土）は集団下校があって出来なかったので、一学期修業式前日の一九日（月）の放課後、関係の子供たち七人を会議室に集めて、調べが全部終わったが、お金が絡むようなことを起こすような友達関係は絶対にいけないことを主に話した。子供たちの様子は、一人ずつ呼んで聞いたり、注意を与えたりした時に比べ、全員一緒だと反省の雰囲気が薄れる。

いよいよ夏休みに入って、私がこの子供たちのために、夏休みの間にやるよう、特に取り組んだことが三つあった。

五　ボスといじめ、学級半崩壊の対応　Ⅰ

——平成五（一九九三）年～六年生二学期前半

まず第一の「暑中見舞い」は、男女に分けて、全員に共通の文章とイラストを印刷し、空いているところに、各人の休みの過ごし方を想像したあいさつと、二学期に気をつけたり、力を入れてほしいことを書き添えた。共通の文章の部分は、

休みも……

きっと……

先生は、庭木の手入れや読書や二学期の準備などで過ごしています。

小学校最後の二学期はぜひ力を出して、思い出に残るものにしよう。

①……

②……

③……

二学期のがんばりを期待しているよ。おうちのかたにもよろしく。

男子用のイラストは、鹿島アントラーズの髪をなびかせて走るアルシンド選手（当時、かつらコマーシャルに出ていた）の絵を描いて、横に――先生もファンの、かつらをつけて、かみアルシンド選手だよ――と入れた。

女子のイラストには、海岸の生き物の五つの絵に、それぞれに（　　）を付け、―御前崎から弁天までの浜にいるよ。名前当てクイズ―と書いた。

暇をみて、一日、三枚から五枚くらいずつ書いていき、八月一六日からかかって八月二四日に、全員の分を書き上げて投函した。

二つ目の山谷次郎の父親と次郎のことについての話し合いは、八月五日（金）に実現した。二日前に校長とは打ち合わせを済ませていた。

六年二組の男子の非行の主な原因は、家庭の甘やかしにあると思っていたので、中心人物の次郎には、示しがつく父親と話したいと希望していた。父親とはどんな人で、次郎の行動の原因になるものが、父親の姿勢から摑めるのではないかという期待もあった。

この日、父親と一緒に何度か話し合ったことのある母親も来校した。相談室で二〇分ほど話し合った。父親は小柄な普通のサラリーマンであった。今年は国外転勤で家庭を空けているが、次郎に対する態度や要求などが変わったとは感じられなかった。

まず次郎の良い点から話に入った。学習ではひらめきがあり、能力的にもやればできる。算数でも国語ではトップの成績を取る力がある。バスケットボールなど非常にうまく、みんなをうまくまとめる。けんかが強く素早い。また遊びの中心で、みんなが次郎に認められることを望んでいる。

うまく育てれば素晴らしい子になるが、マイナス面が出てしまっている。例えば罰ゲームをして五〇〇〇円を受け取り、反省のないこと。遠足の折の買い食いのこと。友達を支配しようと本山一男、原川留男、村木利久、平田正典らにしきりに暴力をふるい、怪我をさせている。強い子に弱い子をやらせ、また弱い子同士でやらせる。他の児童も山谷に認められたくて、言うことを聞き、仲間外れになることを恐れている。

五年生の終わり頃から教師に注意されると、「うるせえ」「やってるじゃねえか」というような言葉を返してくる。伊藤にはわざと落とした教科書を拾わせる。長山久には自分の道具をカバンに入れさせる。給食当番を平然とさぼる。六年二組の男子は次郎君のわがままを助長してしまうタイプが多い。というようなことを話した。

これに対し、父親は次郎は最近、自分に口を利かなくなった。四年生の頃は勉強の面倒をよく見た。これは一年続けた。自分は短気でよく叱った。勉強に自信をなくしたことが非行の基か、というようなことを話した。母親は、小遣いを月一〇〇〇円与えているということと、八月一日（日）の親子でのPTA奉仕作業の折に見かけたが、六年二組男子児童たちが、作業用のリヤカーに山谷を乗せて、みんながその後をぞろぞろと付いて歩いているのを見た。いつもあんな調子なのかとがっかりした、と話した。

私は今後、家庭と学校双方で気をつけて生活が整うようにさせることと、次に五つのことを提案し、書いた紙を手渡した。
1、やるものをきちんとしていく。漢字、本読みカード（T小が取り組んでいる家庭での朗読）、日記（週に二回書いて一回提出）、予定帳など。
2、給食ナプキン、赤白帽、体操服、マスク、掃除用三角巾をきちんと持ってくる。
3、お金の使い方、買ったものの管理など、家庭できちんとしてほしい。
4、遊び道具を学校に持ち込まない。
5、きまりを基本的に守る（特に最重要課題として四つのことを挙げた）。

①言葉遣い。
②忘れ物―道具の持ち帰り、整頓―
③やることはきちんと―本読みカード、日記、漢字などの宿題―
④弱い子に暴力をふるわない。

この提案に父親は、①と④は人に関係するのでまず守らせたいと答えた。

夏休み、特に取り組んだことの、三つ目の穴の開けられた机の取り替えは、倉庫から補修材料を探し出し、八月二四日の朝からかかって午後二時には完了させた。また、不具合の出ている机も全部取り替えた。

八月二七日（金）、六年生二学期に向けて第一週の計画を立て、週案簿の記録欄に次のように書いた。

二学期をよろしくお願いします。
行事が多い割に授業日数が少なく、駆け足のような二学期になりそうですが、私としては課題がいっぱいの二学期です。
まず六年生としては、
一、あいさつや、「……さん」「……くん」運動の取り組みをしっかりやりたいと思います。
二、朝の学習、掃除の取り掛かりなどの時刻をしっかり守らせていきたいと思います。
三、委員会などの仕事をがんばってやり通させる。
四、薄着や掃除、体育の身支度などきちんとさせたいと思います。
次に学級としては、
一、仲良くしようということを、まず呼びかけたいと思います。
二、持ち物をきちんとさせたい。筆箱の中、ぞうきん、上靴など、そして遊び道具を持ち込まないなど。
三、授業態度を少しでもきちんとしたものにさせ、ノートをしっかり取らせる。そのため心掛けて子供たちのノートを見ていきたいと思います。
四、予定帳とノートの点検は定期的に行なう。気持ちを励まして、小さいことをひとつ一つゆるがせにしないで築いていきたいと思っています。

平成五年九月一日は水曜日から始まった。この日は恒例の防災訓練が下校前にあり、その後、集団下校で午前中に終わる。三時間目は二学期の学級委員の選挙であった。一学期の女子は順当に選ばれたが、男子は山谷の仲間の、学級委員の資格に大いに欠ける小松仁平が半数の票を取って選ばれていた。

二学期は山谷の仲間で、山谷に五〇〇〇円を渡して問題になった鈴本太一が選ばれた、いわば談合のようなもので、前もって相談し、半数をまとめれば選ばれる。

九月四日（土）、週案簿の記録欄に、次のように書いた。


二学期に入って四日が経ちましたが、二学期の六年二組の姿をやや見通した感じのする四日でした。

山谷の他児童や、私に対する態度が少し変わりました。弱い子をそそのかしたり、おどしたりが目立たなくなり、私に対しても逆らうのが少なくなりました。代わって学習態度が少しよくなって、以前にはなかった発表が大事なところでちらほらと見えています。

両親と、特に父親とよく話し合ったのがよかったと思います。

本山一男も、変わらずですが、学習態度も少しよくなり、落ち着きも出てきたようです。

また、席替えの効果もあったと思います。

鹿谷久子は発表が戻って、学習態度もよくなっています。母親との懇談、暑中見舞いの文面も奏功したのかもしれません。

もう一つ、全体が少し落ち着いて見えるのは、六年生になって穴を開けられた机をすべて修復して、きれいな机に変えたことが影響しているのかもしれません。

この机のことだが、二学期にがんばらせたいことと共に週案簿に次のように書き入れた。

「六の二の学級に入った当初から机に穴の開いているものが多く、気になっていましたが、休みの間に穴のある机は全部取り替えました。机の面は学校の自分の顔だと思って、次の人に渡すまで大事に使おうと話し合いました」

この結果、机だけは穴を開けたり、傷つけたりすることはなくなったが、唯一、山谷次郎だけは、じきにカッターナイフで穴を開けてしまった。

二学期の第一週の週案簿に、やや希望が持てる子供たちの様子を書いた。しかし、これは第一週のみ少し改まり、発表も増えていたが、第二週に入ると、本山一男の授業中の出歩き、朝の学習時に、原川留男らが階段に来ているなどから、山谷が授業中に落ち着きがなくなり、じきに崩れていった。

九月七日（火）、朝の授業中に、私が職員会を終えて教室へ戻る途中、原川の大声が階段辺りで聞こえた。昼、原川だけがいるところで注意しようとすると、自分ではなく利久だと言う。そこで利久に聞くとやっていないと言う。この日は山谷の様子が元に戻り、算数の時間、黒板に向かっている私の背中に何度も、ちぎった消しゴムをぶつけてくる。

六時間目、理科の授業中、本山一男があまりにも態度が悪いのでげんこつをくれる。それでも、まだしゃべっている。原川留男と仁藤忠典が騒がしいので、「廊下へ出ろ」と言うと、一男もついていく。廊下で大声でしゃべっているので、怒鳴りつけると三人とも教室に入ってきた。

放課後、学級会の計画会を各班長と委員たちで行なう。山谷は八班の班長であるが、廊下に出ているので、何度も言ってやっとやらせる。あまりにもひどい有様で、ありのまま一男の家に電話を入れる。

山谷の家へは、算数の教科書を持参していないが、失くしてしまったのかと尋ねると、母親が探しすぐに見つかる。村木利久が、明日行なわれるジフテリアの問診票を忘れているので、帰宅時に家に届ける。

九月八日（水）、子供たちの様子をしっかり捉えたいので、子供たちの登校前に教室にいるようにする。比較的早いグループの山谷と本山一男は教室に来て、一男は山谷に電話で怒られたことを話している。

この日は、朝の学習プリントの提出の状態はよかった。一男が一日静かだった。子供の反抗的な様子はなくほっとする。

九月九日（金）、台風の警報解除が遅れたため、この日は休業となった。

九月一〇日（土）、村木利久は第一時から反抗的。第三時、山谷は何度言われても筆入れを床に落とす。そばにいる本山一男を呼んで、筆入れを拾わせる。第五時は研修のため各担任は不在で、自習になっていた。

社会のテストをやるように二枚与えてあったが、自習中の各教室を見回っていたＴ教諭から、「先生の組は水をビニール袋に入れて、暑いので頭などへ当てて冷やすと言って遊んでいた」と注意を受けた。

第五時が終わり、帰りの会まで、仲間になってやっていた男子一〇人には反省文を書かせた。それは次のようなものである。

一番さいしょにやったのがわるかった。ぼくがさいしょに「きもちいい」とか「冷たい」とみんなにいってみんなをさそったのがわるくまずかった。ぼくの思（ママ）がひとがやるとことわれないたちなのでそれをなおしたい。

本山一男

先生へ

ぼくは学級委員にえらばれたけれど、じゅぎょう中にふくろの中に水をいれてあるのをなげてしまって学級委員としてはずかしいことをしてしまったなあと思ったのでこんどからこんなことをしなくて学級委員らしくしたいです。

鈴本太一

ぼくは、水のやつをもらってしまったのできをつけたいです。

山谷次郎

先生へ

今日の、五時間目のテストのとき、ふくろの中に水を入れて遊んでしまって申し訳ございませんでした。ぼくは、よくはんせいをしています。もう二度としませんので、ゆるして下さい。

平田正典

ぼくは五時間目が始まる前にビニールがあったのでそれで水をいれてせきをはなれ水をくみました。ぼくは、六年としてはずかしいです。お客様がくるときにあそびのようなことをしてしまいふつうの日にやっているようにかんがえてもお客さまがきているときにやってとても六年としてじかくがないのでつぎはあつくてもがまんしてもっとしっかりとした上級生になりたいです。ぼくはみんながやっていてついつられてしまいました。ぼくは気をつけてしまりのないせいかつをやめたいです。

村木利久

反せい文

今日ぼくは、じゅぎょう中にふくろの中へ水を入れてあたまをひやしたりしてしまいました。ぼくは、いけないことをしてしまったなあと思いました。これからはそんなことをぜったいやらないようにしたいです。

どうもすみませんでした。

木下正也

ぼくは、本当にいけないことをしてしまったと思う。

ぼくは、このことをどうすればいいのか反せいしている。もう二度とこんなことをしません。

小松仁平

九月三日（月）、本山一男が首の後ろに二か所、爪で摑まれたような傷をしていた。誰が見ても人にやられたと分かるはっきりとした傷であった。よく学校に手紙をよこす親がそのことを何も言ってこなかったのは、本人が触れられたくない態度を取っていたに違いない。しばらくして五年生の担任H教諭から、一男がそのクラスの子に手を出して困ると相談を受けたが、首を摑むと言っていた。この日、昼休みに山谷が一男を殴っていた。原川留男もそばにいた。

この頃からか、一男が傷を顔などにつくっていることがあり、しかし、担任に自分で申し出てくることは学年が終わるまで一回もなかった。今にして、このような時は、本人が言わなくても、家庭の方へ問いかけるだけでもしておいたらよかったと思っている。家からの申し出がなくとも、その方が結局は一男を大事にしたことになる。

これは子供同士のけんかの場合、これは自分たちのことだと、六年生になったりすると女子でも言う子が多いが、教師としては関わって止めさせるように働くのが、良いあり方のように思う。

九月一四日（火）、第二時算数の時間中に山谷が突然、立ち上がり教卓に置いてあるセロテープを取りに出てくる。第五時道徳の授業中、山谷の姿勢が悪く、注意すると筆入れを大きな音を立てて床に落とす。

九月一八日の週案簿の記録欄。


集団的に問題行動を起こし、する、子供たちの中心になるのは、知力、体力が中以上の良い子と、家庭的、経済的にやや恵まれている子だと思います。

そして、原因を探りますと、子供同士が連鎖して起こってくるのですが、自分の周囲を見て、社会を見て、テレビを見て、まんが雑誌などを見て起こすということが大きな要因にあると考えます。そこでどうしても止めたいことは、①人を傷つけては困る。②人の集団の迷惑になっては困る。③学力が全然進まないのは困る。の三つです。

山谷、本山、原川の関係は、①に当てはまります。さらに村木を加えれば②に当てはまります。木下、仁藤、鈴本、伊藤などは、前は出来たのに、学習の集中、ノートが取れなくなり③に該当します。

問題の中心になる児童の少しのムードで、全体が大きく変化するのですが、これを修復するには多くの配慮、労力と小さなことの積み重ねが必要です。

この頃、Ｔ小学校に隣接するＳ中学の生徒がＴ小に来て、鍵を壊して夜中に体育館で遊んだり、倉庫からボールを持ち出す事件などもあり、Ｓ中が荒れていた。山谷の行動も付き合っているＳ中学生の影響を受けていたと考えられる。

また、男子児童たちは、ルーズであると、みんなに認められる。きちんとすると、みんなに疎外されるような感じを持っていて、あいさつもせず、乱暴な物言いになっていた。

九月二四日（金）、二時間目の体育では、整列、集合が遅い。リレーではバトンを放り投げる。四チームでタイムを取ろうとすると、のろのろ走る。ふざけてやるくせに、もう一回やりたいと言う。バスケットボールはいつからやるのかと聞いてくる、しかし、全体として取り組むとなると動けない。

三時間目は習字であった。一男は立ってうろうろしている。注意すると「ほざくな」と言う。「そんな言葉遣い、態度で勉強するのは生徒ではない。教室から出て帰れ」と応じると、仕度をしながら、「本当にいいのか……」と言い出す。他の男子がおもしろがって「帰れよ」と言われ、うろうろと立ち尽くす。

昼休み、廊下を歩いていると、一男が「くそ爺」と言い、訳もないことを言って、まるで負け犬が吠えているようである

九月二五日（土）、村木利久が授業中に立ち上がりうろうろする。常習的に教科書を持ってこない。「先生が今日、君の家に行って、この状態を説明してあげよう」と言うと、休み時間に職員室に来て、「お母さんに言うのは止めて下さい。今までたくさん心配をかけたので、それ以上かけたくないから」と言う。その後は静かになった。

九月二七日（月）、休み時間などに床に本山一男をうつ伏せにして、その上に山谷らが次々に乗る遊びがはやっている。いつも一番下の一男は恐怖の表情を浮かべている。危ないので、すぐ止めさせた。

男子の発表が少ない。ノートをとらない。私語が多い。紙くずや輪ゴムを投げ飛ばす。注意しきれないので、授業を進めるが低調なものになってしまう。放課後、全員部活があり、陸上部を指導しているが、指示を守らない。

九月三〇日（木）、六年生全員参加のI市小学校の陸上大会がT小学校で行なわれた。各校それぞれにテントを立て、応援していた。

ところが私のクラスの児童が、隣の学校のシートへずれこんで入って行ってしまう。世話役をしている合間に戻って注意するが、戻って来ずに、はみ出したままの状態である。

隣の学校の児童はおとなしく、遠慮がちにしているが、そのうちその児童たちに向かって小石を投げ始めた。本山一男と村木利久が最もひどい。私は離れた世話係の位置からはらはらしていた。

幸い体育主任のT教諭が、この状態に気づいて、女子と男子の席を逆にして、境目に女子が座るように命じて、これ以上問題が起こらずに終わった。

一〇月六日（水）、行事として六年生が取り組んでいる「地域のお年寄りに学ぼう集会」が、二～四時間目を使って体育館で行なわれた。一五名ほどの祖父母に昔の暮らしや、戦争体験などを聞き、その後、こまの作り方や、回し方を教わるというものであった。

昼頃に散会となり、子供たちはそれぞれの教室に帰っていった。後片付けをして教室に戻ろうとすると、少し遅れた子供たちが出口近くに固まっていて、その中でS教諭が何かしゃべっている。本山一男が顔についたマジックインクの線をぬぐっている。それに注意を与えていたようだ。

教室に戻って、石鹸で洗顔させたが、水性だったので案外簡単に消えた。

いつものように互いにふざけあって、山谷らに強制されながらやったことと判断し、別に手を打たなかった。その夜、「子供の生活について聞きたい」と一男の親から連絡があり、明日（七日）の一六時三〇分に親に学校へ来てもらうことになった。

翌日、堅実な会社員といった風情の父親が来校した。父親はその夜、一男に顔のマジックのことを聞こうとしたが、はっきり言わないので、友達と思われる平田正典、仁藤忠典、原川留男の順に電話を入れ、山谷次郎に連絡しようとすると、いきなり一男は泣き叫び、電話番号のメモをひったくって、外へ走って行ったので、山谷に聞くのを止めたと言う。

その時の一男の様子があまりにも異常なので、私に電話をしたのである。校長室で校長同席の下、懇談した。

私は昨日の顔のマジックの件、授業態度の悪さ、物を投げる、拾わない、出歩く、注意すると「ほざくな」と言う。得意な図工もさっぱり進まない。決め事を守らない。社会のノートや漢字帳など提出しないなど、ありのままに話した。

また、いじめられることは減って、一緒に遊んだり、付き合いは広がっている。親しかった原川への乱暴が増えていることも話した。関わり合っている山谷との違いは、一男は叱られたことを恥じ、家には隠したがること、人からそそのかしを受けることなども率直に付け加えた。

この件は、一男の口から出た関係者、他の証言から出た関係者を呼んで、生徒指導主任にも協力を仰いで調べたが、登、正也、忠典、留男らが一男の顔や首にマジックで書いたぐらいの、はっきり分からないままになり、最後まで山谷の名前は出てこなかった。

この後、生徒指導主任と、①問題があったら何でも言う。②まじめに勉強する。③帰る前に指導主任に様子を伝える。など約束させた。

一男の父親には、いじめられることは減っていると言ったが、この日の昼には一男を寝かせ、その上に大勢が乗ることをまたやり始めた。昨日の父親の電話の反応の現われだと推測された。

また、一男より、ただ一人下位にあった原川留男がいつも泣いていた。一男が暴力を振るっているのをしばしば見かけた。

この日、校長とも相談して、次のような内容を入れた「学級だより　NO８」を書いた。

二学期が始まって一か月がたちました。子供さんたちの学習と生活は、勉強の秋、六年生らしさを最も発揮するべき時にしては、今一つ充分な働きをしていない感じがします。いろいろ心配して下さるご父母も多く、そのお話のうちから次のようなことを決めましたので、よろしくお願いいたします。

●子供さんの勉強。生活の様子を参観日でない日にも、随時お手すきのとき学級に来ていただいて、つとめて見ていただく。

●その中で問題をお感じになることがあれば、そのつど遠慮なしに、学級担任にお話を聞かせていただく。

（右のことは校長にも話してありますし、休み明けの一〇月一二日〈月〉からどんどん実行していただきたいと思います。六年生として最も充実すべき時であり、中学生になる日を前にして、教育の効果をぜひ充分に上げたい時です。入れかわり立ちかわりでご協力をお願いします）

この結果、父母は一四日（木）から左記のように学級三三名中一三名が来てくれた。そして三名の父母が手紙をくれた。

一〇月一四日（木）　三名
　　　一五日（金）　一名
　　　一六日（土）　八名

二二日（金）一名

［手紙］

はげみＮＯ８を読み、フリー参観の主旨がよく分かりませんでしたが、きょうの授業を見せていただき、何となく分かってきましたので思ったことを率直に書かせていただきます。

子供は学校やクラスのことを何も話してくれません。子供なりに、友達やクラスの仲間を悪く言いたくないのかも。でも、きょうは我が目を疑うくらい男子生徒にはびっくり。始業チャイムが鳴り終わっても席に着いたのは二〜三人、授業中の態度といったら、これが小学生と感じるほど、上の子の時と比べることはいけないことですが、勉強中も休み時間も元気良く、クラス中がみんな友達といった具合、参観していても楽に見られました。

今の二組は暗く活気がありません。この様な毎日が続くことは子供にとって良くないと思います。中学に入る前の今なら何とかなると思いますので、二組全体で考えるべきだと感じました。

それにはまず臨時学級懇談会を開き、男子女子生徒の親に関係なく、先生だけが大変な思いをしなくても、私たち父兄も自分たちの子供のことだからこそ、二組のために建て前なしの本音で話し合い、残り五か月余りの小学生生活をより良いクラスにしたいと思っています。

そのためには、先生と子供たち、先生と父兄、子供と親の話し合いを積み重ねる必要があるのではないでしょうか。なるべく早く懇談会を開いていただけることを願っています。

（T・U母親より）

授業参観してみて

始業時に遅れてくる子が目立ち、遅れても平然としている様に感じられ驚きました。授業中は教科書を開いていない子がいて気になりました。その子も私たちが気になるのかこちらを見てばかりいました。親がいると、子供たちも緊張してふだんの姿はなかなか見られないですね。子供の学校のことはあまり言いませんし、問題があるといってもどんな問題なのかよく分かりません。

今まで先生より、学校の様子や家で注意することを聞きましたが、親同士話し合うことがありませんでしたので、一度話し合う機会をつくってはどうでしょうか。今回の「はげみＮＯ８」も親に届けていない家もあったようです。

せっかく参観したので感じたことを書いてみました。

（Ｈ・Ａの母親より）

新藤先生いつも子供がお世話になっています。

今日の参観、チャイムが鳴っても席に着いていない男子の多いのに驚きました。子供の話では授業態度がいつもより良かったとか。

今、S中学の悪いうわさを耳にします。フリー参観も良いですが、「はげみ」（学級通信）を家の人に渡さない子供さんもいるとか？　先生も大変だと思います。一度、六年二組の父兄の懇談会をやってみてはどうでしょうか。

（H・Eの母親より）

一〇月一六日（土）　週案簿の記録欄。

私の教育の一番奥にあるものは、自分が先ず手本を示せということ、人間の根本は道徳である、ということかと思います。しかし、私のクラスは今、もっとも不道徳なクラスといってよいでしょう。二年間、力を入れてきた道徳教育は無意味であったか、実践したことが無意味であったか、という問いが私の心に起こります。

だが、私個人にとっては無意味でなかったように思います。私自身のいささかの救いになっているように感じています。しかし、子供たちにとってどういう働きをしたかということが私には、いまだはっきり摑めていません。

一〇月一八日（月）、父母の意見にもあったように、父母との話し合う機会を一〇月二二日（金）の放課後とし、問いかける問題を考えてみた。

●家の人に見せるはずの学級の連絡や、毎日の本読みカード（父母に見せて印をもらう）を見せていない。

●連絡の返事が戻ってこない。聞くとうそをつく。
●帰りの会に教室に戻ってこない、ランドセルを傍に持ってきておく（主に山谷）。始業時間にわざと遅れる。
●掃除をさぼる（伊藤広志）、いつも遅れてくる（正也、小松）。
●言葉遣いの悪さ、「うるせえ」（山谷、一男、伊藤広志）、「くそじじい」（一男）、「なにー」（太一）
●各時間への遅刻（男子全体）。
●いじめ。山谷→一男、登→一男、村木利久→一男、平田正典→一男、一男→原川留男。
●朝の自習時間のドリルを男子はやってこないものが多い。

一〇月一九日（火）、顔にマジックで書かれた件で、本山一男の父親と話し合い、それが基で父母への呼びかけとなり、父母懇談を考えたのである。

この日の放課後、校長の提案で教頭を交えた生徒指導関係者の会合がもたれた。その席で私は学級の実態を話した結果、次のようにまとめられた。

これは学校内部の問題である。父母に頼みようがない。父母には協力を、という連絡くらいである。

担任は注意ばかりになる。第三者の立場で子供たちに指導し話をする必要がある。担任外で分担して子供に触れる。弱い者を守る。いじめられている子に第三者が当たる。ボスの山谷、登に最後に当たる。

教頭、校長などが授業の様子を見る。

先生たちが「違うな、変わったな」と意識させる。

約束事はきちんと守らせる。

朝の学習の時間、担任はできるだけ早く教室に戻る（一男が机の間に倒れていて、山谷が上から蹴っているのを何度か目撃した）。

全体として、
●ひとつ一つの事例のつめに甘い点がある。
●子供の中に、なびいていかない勢力をつくる必要がある。
●保護者には個人個人で当たり、対応を待つ（まず一男、留男、山谷の親を呼ぶ）。

この日、私のクラスにもう一つ特別なことがあった。それは延期になっていた六年生のスポーツテストが午前中に行なわれた。一〇〇メートル走で私の測定法に、男子が文句を言った。次の走り幅跳びも担当していたが、六年二組の男子が全員まともに跳ばなかった。

スポーツテストの記録は、市の統計に載ることになるので、関係者と協議して、男子だけ再テストをした。

今までと同様であるが、「スタートの合図が悪い、もう一度やらせてくれ」と申し出る者が多く、三人くらいやり直したが、後は「だめだ」とはねつけて測定していった。その結果、走り幅跳びのところでは、山谷の指令でみんなまともに跳ばなくなった。

翌日、佐藤登は親からの手紙を持ってきた。

新藤先生へ
六の二は……というレッテルを貼られた気がしてとてもつらいです。

新藤先生が一生懸命取り組んで下さっていることは、私共、親にも納得のいくところですが、子供たちに対して体当たりで接して下さる姿が今一つ不満を感じ、こうして失礼ながらも筆を走らせております。

今までにも我が子から先生の不満点をいくつか聞きましたが、その度、「そうではないよ」と、あれこれ説教して先生の立場を重要視して参りました。

しかし、昨日も言ってきました。新藤先生が子供たちのなまの声を御存知かどうか分かりかねますが、今回のことは気になり、生意気とは思いますがよろしくお願いします。

子供「今度のスポーツテストの成績は級外だからね。お母さん」

私「どういうこと」

子供「だってねえ……」

と、細かい会話は続いていきますが、要はスタートラインに並んで体制を整えていたら、横の友達に足がラインから出ていることを教えられて、はっとしてすぐ後ろにいた子に下がってもらおうと振り向いたとたんスタートだったとのこと。ほかの子は二、三歩前へとっくに走り出していたので、ゆっくり走ったとのこと。気を抜いて走ったことは注意しました。

このことは先生が気づき、一斉のスタート体勢を確認した後、初めてスタートするのではないでしょうか。ましてや、毎回、「よーい」がなかったとかで全員怒ったそうですが。もう一度やり直しをお願いしたが無視され、ほかの子は普通に走ったのにやり直しができたという点でも、すごく子供にはこたえたようです。納得できないのでしょう。

子供たちには、理由があるから申し出るのに全部無視される……、それなら自分たちも……、というのが本音のようです。その点、先生の考えをぜひ知りたいと思います。その上で家庭でも指導して参ります。

乱筆にて申し訳ありません。

今、記録を調べると、春のスポーツテストの五〇メートル走より悪いのは長山久だけで、同記録が伊藤広志、あとの男子全員は上回っているが、この手紙の後、全員に五〇メートル走の再測定を希望する者は、放課後残るように伝えた、二、三人の子を計り直した。佐藤登は上回り、他は上がらなかった。

その夜、登の家に行って、従来より同じ測定法をしており、他のクラスも同様である、ということを言うつもりであったが、母親は不在であった。

翌日、登は母親の手紙を持参した。

昨夜、留守をしまして申し訳ありませんでした。遠方にお帰りなのに熱心に指導していただく私たちも、共に良い方へと導いていきたいと思います。

手紙の件で早速やり直しをして下さり、ありがとうございました。子供の顔がなごやかで生き生きと満足気な笑みがありました。我々大人からしたらささいなことでも、それを根に持ち、先生のことをきらってしまうようなことがあっては、どうたしなめても、聞く耳を持たずということになりかねないと思いましたので。

しかし、今後、六年生のときにこういうことがあったと心に残ると思います。クラス全員がこうなることを願いたいです。何かありましたら、またお知らせ下さい。ありがとうございました。

ここには登のわがままを、理由をこじつけて肯定してしまって気づかない親の姿がある。こんな協力的、理解があるようにいう人の方が、子供の教育には行き届かない面がある。この親が中学に進んで、この三年後に一人だけ髪を赤く染めて登校を通してしまった子の親なのである。

一〇月一九日の臨時生徒指導委員会で、本山一男の顔のマジックインクから出発して、担任以外でいじめられている子に当たることが決められた。それに基づいて生徒指導主任のＨ教諭が本山一男に当たってくれた。

被害側に立ち、よく理解しようという見地で話し合われた。それによると、家庭は祖父母が家にいる。父は朝八時に出社し、午後九時頃、帰宅する。母は夕方の五時から四時間ほど塾の講師をしている。妹は四年生。

夕食は両親を除く全員で摂る。家族の会話はないようだ。遊びはゲームやテレビを見ている。習い事は珠算や英語で週四回。

五年生の時、体育ができないのでばかにされた。体育、算数が苦手。社会科は好き。適当に遊んでいるが、本当の友達がいない。
◎顔にあざができたのは階段でころんだから（五、六月頃）。顔にマジックを（仁藤忠典から）塗られる。
約束＝①問題が起きたら誰でも先生、両親に言う。②まじめに勉強する。③毎日、学級の様子を報告する。


一〇月一九日の臨時生徒指導委員会での対応に基づいて、一〇月二九日（金）一七時、山谷次郎の母親と校長室（校長、教頭、生活指導主任、H教諭同席）で話し合った。

私は次郎の最近の様子と親へのお願いなどを話したが、母親はほとんど聞き役であった。

概要、次の通り。

市内の大手メーカーに勤める父親は現在、国外勤務となり、盆と暮れ、正月ぐらいしか帰省しないことは前述したが、母親も仕事を持っていて特に帰りが遅いことも分かった。休みは不定期に週二回。

私から話したことは、次郎の授業態度であった。前日の修学旅行の疲れのせいか、立ち上がる、後ろを向くなど、勉強のできる状態ではなかった。

叱るが、そのすぐ後、消しゴムなどを人に投げる。壁に当たる。ノートも取らない。私語が多いのでそのつど注意するが、まったく聞かない。

ふだんの授業中も、紙切れや物を人に渡す。はさみなどでいたずらをしている。いつまでたっても私語を止めない。

家庭訪問の折、「うちの子は素直です」と聞き、「六年生になっても、素直さを失くさない子に育てたい」と話し合ったのと、ひどい違いである。私の指導の至らなさを痛感した。

家庭での勉強態度はどうか？　山谷君のノートをご覧になったことがあるか？　この状態では次第に差が出てくるので、基本的なことはノートを取るようにさせたい。時刻を守らせたい。提出物はきちんと出すようにさせたい。あいさつができるようにしたい。本山君への暴力と長山君への子分扱いは絶対に止めさせたい。

続けざまに話しかけたが、母親の反応はあまり芳しいものではなかったが、山谷が近所のたばこを吸っているT中学の一年生と付き合っていると話したのが印象に残った。

一〇月三〇日（土）の週案簿の記録欄。


私のクラスの子供たちは、心の病気の子が多いように感じています。

床に紙くずが多い。教師の机の引き出しの中や戸棚のものを持ち出す。黙って引き出しを開けたり、中の物を持ち出して遊びに使い反省の色がない。掲示物を切ったり、傷を平気でつけている。授業が始まっても教科書やノートを出さない。言われてから出す者が何人かいる。

叱っても授業中の私語が多い。何かちょっとしたことで大騒ぎをする。すぐに茶化す。協力することができない。長縄跳びの回数が数えられない。また、ごまかして報告する。

提出や、やるべきことがほとんどできない。これらは全部、男子です。これが病気の症状です。

山谷、一男、留男、佐藤登ら四人から病気が広がったように思いますが、病気に弱い子はふだんの生活がしっかりしていない子に多いようです。村木利久、大下正也、仁藤忠典、長山久。

これに対し、校長は余白に、次のようなことを書いてくれた。

「生徒指導は、たいへんむずかしいことですが、小事のうちに極力芽を摘むことが大事なことと思います。とにかく子供を育てるところが学校ですし、その任を担当していますので智恵を出し、全力で取り組みたい」

一〇月の最終週に生徒指導委員会のメンバーでもある教務主任から、関係の職員に次のようなプリントが配られた（骨子、概要のみ記す）。

—六年二組の児童を励ます指導・個々面接—

1、面接内容

①修学旅行の楽しかったことなどの感想。

②学級の生活の様子（友達関係について。本山一男の顔に落書きした子は知らないか）。

③小学校最後のまとめとして、自覚を高め、勉強とか学級生活など向上させる雰囲気をみんなで協力してつくるように励ます。

2、面接指導の先生方（分担が記してある）。

✲一一月一日（月）一三時より相談室で事前に打ち合わせをします。

一一月一日（月）、この日に聞き取りをした教諭から文書と口頭で、いろいろと聞かされた。

［Ｉ教諭のメモ］

「中村綾子から」　登、山谷→山本利子に悪口。一男、留男、利久に時々乱暴をしている。テスト　鹿谷久子、山谷、登、利久、一男。五〇～一〇〇円、点の良い方から悪い方がもらう。賭けをしている。一男の顔の落書き　男子はほぼ全員やったと思う。

「松上祐子から」　登→長山久らへいじめるように命令する→利久、留男、一男をいじめる。何か失敗すると集まってきて悪口を言う→仁美。金銭　●自分の持ち物を売る。●お金をもらう。登、鹿谷久子などが他の人に。●テストの賭け。落書き　よくするのは留男→一男やられると留男にやり返す。注意しても聞こえないふりをする。（以下略）

［Ｏ教諭のメモ］

「長山久から」　山谷に命令される→鉛筆を拾え。弱い人を殴れ→一男と鈴本太一からも。お金　一男が貸している。三人に落書き（一男の顔への）太一？

「広田英男から」　いじめ　一男をみんなで（一男は）〔やめて〕と呼ぶ。一男の顔への落書き　知らない。山谷君　優しい。（以下略）

「他の職員からの口頭の報告」
永山一啓　はっきり言わない。
後藤正弘　はっきり言わない。みんなでやるいじめ↓一男へ。
山谷次郎　一男の顔への落書きは、見た時には書いてあった。
伊藤広志　問題があるか？　言わない。
佐藤登　一男、留男をよく殴ったことがある。一男の顔のマジックは登の後に正也が書いた。
野村亜衣　山谷が叩いているところを見る。一男、留男、利久、登、山谷　お金をよこせと言っている。六人で一男を叩いている（太一、正典、長山久も入っている）。鹿谷久子が給食のデザートを売っている（一〇円で）。顔の落書き　山谷ではないか？　命令するのではないか。
鹿谷久子　登、山谷が一男を叩け、留男を叩けと命令している。給食のデザートでお金の貸し借りをしている。
上木友子　一男、留男がいつもいじめられている。
山本利子　鈴本太一が蹴る。デザートをとられたことがある。鹿谷久子にも三回くらいとられた。（以下略）

一一月五日（金）、これらのことをまとめて、私は生徒指導委員会と面接に当たってくれた職員にプリントで報告した。

［六年二組　児童個々面接のまとめ］

山谷次郎　（男子児童はほとんど言わないが女子児童から）一男、留男、利久らを叩く。六人ぐらいでみんなでやる。命令を出し、みんなでやる。一男、留男をいつもいじめている。

佐藤登　遊びの中心になる。一男をなぐる。「金をよこせ。一男や留男をなぐれ。女子に〇〇しろ」など命令を出す。

本山一男　一男の顔にマジックで落書きした者の名前については、男児がほぼ全員やったと思う。金を何人かに貸している。

原川留男　一日一回は一男に殴られる。一男がいやだがついてくる。

鹿谷久子　一〇月中頃から給食のデザートを、一〇円で鈴本太一や平田正典に何度か売っている。男子に一〇〇円あげている。テストの賭けをして、点の悪い人が、良い人に一〇円やるということを、村木利久らとやっている。（以下略）

六　ボスといじめ、学級半崩壊の対応　Ⅱ

――平成五（一九九三）年～六年生二学期後半

一一月二七日（土）、一一時三〇分、長山久の母親が先生に相談したいことがあるのでと来校した。

それは、息子の久が山谷君をとてもこわがっているということであった。うちが近い山谷君とは、低学年の頃からの遊び友達で、うちへもいつも遊びに来ていたが、去年の半ば頃より避けていて遊ばない。広田一次、広田三男君と遊んでいる。その時、自転車が置いてあると、うちにいることが分かるので裏へ隠しておく。

山谷君にいろんなことをやらされる。学校から帰る時なども待たされているようだ。学校へ行きたがらないことがある。山谷君は暴力を振るうと、○○君の顔を蹴るなどするが、よくあんなことが出来ると久は言っている。友達の広田一次には何でも話しているようだ。うちではあまり言わないが、分かるので相談に来たということであった。

私の方からは、山谷のことは学校でもいろいろ問題が出て対応しているところなので、久君のことも、よく様子を見ながら留意していくと話した。

一一月二九日（月）、女子から交換日記として使っていたノートを、男子に黙って持ち出されたから取り返してほしいと申し出があった。まず関係する女子から聞いて、名前の出た男子へと一人ずつ聞いていった。

女子に持っているところを見かけられた男子も何人かいたが、○○に渡したとか、○○からもらって見て○○に返したとか、○○の持っているのを見たとか、さわっていないとかで翌日にもわたって調べたが、M公民館（男子の仲間たちの下校する方の公民館）のいすの上に置いてあるのを見たとかで、一貫性がなく結局、見つからなかった。

関係して男子で名前の出た子供たちは、最初にノートに触れたり渡したりしていたのが、原川留雄、村木利久、長山久、本山一男らで、後で佐藤登、山谷次郎らの名前が、命令したとかで出てきた。

一一月三〇日（火）、もと、学級委員の鈴木広行が、給食時間に山本利子（五年生の十二月に書いたが、障がい児でみんなにいたわられてきた子）が配膳の当番になっているのを見て、自分の給食を受け取るときに「ウエー」と言った。広行は本来そのようなことをする子でなく、また、学級委員という立場も自覚できる子であるが、学級の雰囲気でこのようになる。

この日、二時間目は体育で持久走とバスケットボールであったが、その持久走の練習の折に原川留雄と木下正也が、山本利子が走っている前へ交互に出てきては、それとなく進路を妨害していた。私が見ているのに気がつくとやめるのであるが、日常このような意地悪がどれだけ行なわれているかと思うと心が暗くなる。学級の雰囲気で、このような子供たちになる。

一二月四日（土）、四日ほど前、友だちとふざけて給食のパンを隣の組へ投げ込んだ本山一男とそのころの山谷次郎について、週指導案簿の記録欄に次のように書いている。

本山一男は全く反教師的な言動ばかりするが、それは山谷次郎との人間関係からくるものと思われます。そうすることで自分の地位を保ち、自分を多少でも他に認めさせることになるようです。

その山谷は、私が学級の中で、これはどうしてもいけないと思えることで叱る時に、必ずふざけたり茶化したりします。

例えば、他児童が学校の仕事（順番に組ごとに回ってくる学校の旗揚げ当番の仕事など）をいい加減にした時、その児童を叱っていると、必ずふざけた言葉を出します。

また、ほっておくと授業が成り立たなくなるようなこと、物を授業中に投げるようなことを叱っていますと、必ず横からふざけます。また、女子の弱い子（言語障がいのある山本利子）へのいじめを、これはどうしても許せないと叱っていますと、必ず横から茶化します。

そして、自分が叱られた場合、私が担任であった期間においては、反省したことが一度もないというのが特徴です。私のクラスの問題点の出発は山谷から出ていると思っています。

五年生の一一月、私は山谷次郎にげんこつをくれたことを書いたが、六年生になってもう一回、山谷にげんこつをくれたことがあった。一学期の終わり頃だったかと思うが、右の週案簿のような情況の折に思わずげんこつをくれた。すると山谷は、私をにらみながら、「仕返しをしてやる」と言った。この時、私はこの子の教育で殴るということの限界をはっきりと感じた。

六年生の六月に授業への遅刻を繰り返し、それが広がる様子のある時、その一番目立つ本山一男を殴ったのではないが力づくでとがめたことと、これでこの子供たちに体罰と言えるものは五年生から三回であるが、この時の山谷の頃より、この男子たちには殴っては自分がもったいない、手が腐ると言い聞かすようになった。

一二月六日（月）、山谷が先日、母親がうちの子供が山谷をこわがっていると相談に来た長山久に、本山一男をけしかけているのを見る。一男は組で原川留雄と並んで力関係で最下位なので、長山久にかなわないのだが、山谷は久がこの頃、自分の意にかなわないことがあるのでこのようなことをする。

一二月八日（水）、一三時二五分から一三時四〇分の全校運動でリレーがあった後、山谷が一男を廊下で押さえつけて暴力を振るっている。ちょうど組の、この日の選手に一男が順番で選ばれ、足の遅い一男が組の順位を落としたということで言いがかりをつけたのである。一男が自分で必要以上にそのことにひけ目を感じていることを知っていて、つけこむのである。

一二月一〇日（金）、全校の参観日であり、終わってから講演会があるので、授業参観後の学級懇談は一四時一〇分から一四時四〇分の三〇分間であった。議題は一、二学期の子供の様子について。二、冬休みの生活について。三、冬休みの課題について。四、その他であった。

六年生も後期の懇談であるので、ふだんは授業参観のみで帰ることの多い親もこの日は残り、三三人中二七人の出席であったが、最も聞いてほしい山谷の母親はこの日に限って出ていなかった。

私は二学期の子供の様子ということで、次のように話した。

子供は多くの顔を持っている。うちの人の前での顔、友達の前での顔、学校での顔、教師の前での顔。今、六年二組の、特に男子の友達の前での顔が異様である。

男子には前に出来ていたあいさつが出来なくなったということがある。今でも教師と個人でなら出来る子も、みんなといっしょにいると出来ない。男子はみんなの中にいても、あいさつ出来る子は一人もいない。そして悪いことをする方がみんなに喜ばれる。低い方にみんなが合わせ、みんなで自分たちの行動を低めてしまう。

黙って教師の戸棚を開ける。弱い子の物を隠す。女子に手を出す。女子の特定の子の持った物を受け取らない。通せんぼをする。強い男子が暴力を振い、弱い子へ言うことを聞かせる。強い子が下の子へ命じてやらせる。強い子の命令で、みんなで弱い子へ何かする。

男子は勉強に身が入らない。男子は成績も落ちてきている。掃除や係や当番の仕事ができない。給食時間の後の教室には、いつも給食が床の上いっぱいにこぼれている。ふだんも床に紙くずなどのごみがとても多い。六年生でありながら低学年より物事がきちんとできない。

これは心の問題である。他の子の顔色を見ているのでなく、自主性を持つ。正義感を持つ。自分たちでこういうことをしていては損だと気づかせたい。自分で自覚を持ってやる方に向かわせたい。子供たちは自分でも、ある程度分かっているのだが、子供の社会の中で、自分でも出来ないでいる。だから、周囲の支え、周囲の励まし、周囲の注意が必要である。

このようなことを話した。

時間もなかったが、このことについては父母からは特に話は出なかった。

一二月一一日（土）の週案簿記録欄に次のように書いた。

ボスの山谷次郎は、靴はしょっちゅうかかとを踏んで履いている。机に傷をつける。授業中に無駄話をする。宿題は出さない。一男や留雄や長山久に暴力を振っては命令を出す。「うるせえ」「ほえるな」「何をこく」という言葉を教師に出す。注意せねばならないことばかりです。

机の中に教科書、ノート、物を置きっ放し、忘れ物が多く、授業には全く集中しません。私は山谷の、この姿は何から来るのかといつも考えますが、やはり出発点は家庭にあるのではないかと思います（この時は、私もこう考えていた）。

今の山谷の姿勢の縮図は、五年生の時からすべて出ていました。ただ、今ほど大胆に悪いことをしなかったし、まわりもその悪いことに合わせなかったのですが、他児童が一面、自分が被害者でありながら、山谷の行動に合わせているところに問題があります。

今、当時の指導案簿を開いて思うことであるが、この時は、出発点は家庭にあるのではないかと書いたが、今は、家庭にもあるが山谷の見ている仲の良い近所の問題の中学生、風評が流れて来る近くの中学校のありさま、山谷が結構長い時間それを見て過ごしている民放のテレビ、低学年のうちから自分のうちでも友達のうちでも、ふんだんに見てきた漫画雑誌、それらの影響の方が大きいのではないかと思っている。

なぜかというと、この後も山谷の父親や母親とじかに話し合う機会があったが、山谷程度の家庭や親の状況は、今、たくさんあると思えるし、山谷の能力、性格、姉たちと末の弟という関係も特徴はあるが、その程度の例は結構ある。同じ組の中で一男や留雄という特別な問題を持つ子と結びついたということは、少ないことであるがないことではない。さらに、問題が起こった時、私と話し合う山谷の物言い、態度が山谷の自然のものでなく、取って付けたようなそれらで見てきたような姿をしていることも思い当たるからである。

私は子供たちを励ますために、いろいろなことで賞状、ミニ賞状、賞品（簡単な文房具のことが多かったが）を与えていた。

一二月一四日（水）、月例のミニ賞状と賞品を学級で朝の会の後で該当児童に渡している時、本山一男が出てきて、賞品の色鉛筆をもらうと投げ捨てた。男子児童でミニ賞状や賞に該当する子はたいへん減ってしまっていたが、それでももらう子はあり、照れながらも喜んでもらっていた。だが、一男だけはこういうことをした。

一二月一八日（土）、夜、私のうちへ一一月二七日（土）の昼、山谷と自分の子供のことで相談に来た長山久の母親から電話があった。山谷が久に、いらないＣＤをよこせ、と強要するというのである。久は一〇〇〇円ぐらいのものを二〇枚ぐらい持っているが、言うことを聞かないといって、木下正也や一男に久を殴らせたということである。学校にいる間に、すでに曲が入っているものを何度かあげたということである。

親は先生にこのことで連絡したことは、山谷にも久にも言わないようにと念を押した。

七　ボスといじめ、学級半崩壊の対応　Ⅲ

――平成五（一九九三）年～六年生三学期

私は夏休みと冬休みには必ず学級の問題児には、こちらから暑中見舞や年賀状を出すことにしていた。普通は問題の子どもの男女合わせて四、五名であったであろうか。

冬休みに入って二日目の一二月二四日、この年の冬は昨年の暑中見舞に続いてクラス全員に、こちらから年賀状を出した。問題のある男子だけ全員に出したかったのであるが、全員に出すとなれば女子の方にもと考え、いつもは全文手書きで出すが、夏休みと同じく男女別に自前のガリ版で文をつくって印刷した。

男子の分は、Ｙのホームグランドに近いＴ小の子供たちは、特にサッカー熱が盛んで、朝や昼休みは全員グラウンドでサッカーに夢中であったので、夏休みに続いて当時、人気のあったアルシンド選手に登場を願ってサッカー選手のカットも入れ、次のようにした。

新年おめでとう。

これは鹿島アントラーズのＦＷ黒崎、長谷川選手らと、チームワーク、アルシンド選手です。

六の二も、三学期、チームワークあるしんど先生の組にしたい。
○○（ここへ、その子の愛称が入る）ちゃんのがんばりを期たいします。
四三八－〇二一六　磐田郡竜洋町飛平松一〇七　新藤英晶

こちらの思いをよそに、男子の子供たちは三学期、一層悪くこそなれ、第一日目から全然良くならなかった。

平成六年一月七日（金）、三学期第一日目に出した学級だよりである。

いよいよ小学校最後の三学期が来ました。登校する日は五七日です。ぜひ、よいまとめをして、どの子も自分のよいところを出して、やったなという感じで小学校のしめくくりをしたいものです。

二学期と同じように、「持ち物、身じたくそろえ」の表をお渡しします。持ち物、身じたくを整えることは、これから取りかかることへの心を整えることと思って、めんどうくさがらずに当たるようにしたいと思います。

防災頭巾のゴムが伸びてしまっていてゆるくなっている子は、ぜひ、新しいきついのと取り替えてあげてください。掃除の時、腰かけをさかさにして上げるたびに外れ、ゆかに転がっていたり、縦割り掃除で来ている低学年の子に手間をかけたりします。

毎日、学習のたびに何度も開けるふで入れの中は、ぜひ念入りにきちんと整えておきたいものです。

一月の生活目標は、「寒さに負けずがんばろう」です。T小は、体育の授業や掃除は冬でも半そでの体操服でがんばるようにしています。薄着に努める方が、かぜを引きにくい体ができることは、はっきりしています。

もし、かぜ引きなどの時は必ずうちの人に連絡を書いてもらった上で、上をはおったり(かぜを引いていても、かるくて体育の授業ができる状態の時)、着替えなしでいたりします。一回連絡帳にかぜを引いていることの連絡を書いていただいたら、その週は連絡なしでよいですが、週が変わったらまた連絡を書いてください。

一月八日、第一日の始業式の日をおいて八日(土)に私は週指導案簿の記録欄に、次のように書いた。

新年おめでとうございます。今年もよろしくお願いします。

三学期の第一日、山谷はすごく反抗的で家庭でもうまくいっていないのではと、感じさせられました。それに調子を合わせる仁藤忠典、村木利久らの態度も目立ちますし、木下正也、永山一啓、長山久、原川留雄らの落ち着きのない態度も変わっていないし、本山一男も相変らずと見受けました。

ただ、平田正典、鈴木広行、小松仁平らが少し心がけを変えているかなと思えるふしもありましたし、今回は六年二組の学級に割り当てられた全校の始業式での「二学期の抱負」の言葉を、問題児の二学期学級委員の鈴本太一が、予想外によく取り組んでくれたのは少し希望を持たせることでした。

三学期はとにかく子供と密着していくこと、そして、山本利子などに対するいじめがないように、目を行き届かせていくこと、冷たい雰囲気で、かつかつしてやせた組でなく、少しでも豊かな学級活動をがんばって組んでいくこと、基本的な生活習慣や決まりについては、やはりがんばって努めて守らせていくのが、良い小学校の最後を子供たちがすることに近くなると思います。

それからこれは、取り上げてやることがなくてとにかくできにくいことですが、男子にも認めを多くしていきたいです。

G校長が欄外に次のように書いてくれていた。

「昨年はたいへんお骨折りをくださり、ご苦労が多かったと思います。

(私は、これは今日は、の意味で校長は書いたと思うが) 少しでも、一人でも前向きな取り組みが見られたことがなによりです。

短期間 (三学期は) ですが全力で取り組みましょう」

三学期に入って子供たちの一部は、ますます勝手なことをするようになり、それをとがめたり調べたりしようとすると、うそやごまかしを一層平気で言うようになった。

一月一一日 (火)、給食時間の配膳中に給食の調理士の職員が来て、きょうの献立の茶わんむしのパックが足りないからと言って六年二組の子が取りに来たが、きのうも取りに来ていた。きのうは言った通り「さかなっつ」(甘辛く味付けした煮干しのような魚とピーナッツが小さな袋に入っている)を六つ渡したが、続いてまた、きょうも六個も足りないとはおかしいから調べてほしいということであった。

今日、茶わんむしのパックが足りないと言って給食室に取りに行ったのは、村木利久と原川留雄で、きのうさかなっつを取りに行ったのは原川留雄であった。

確かめた結果、茶碗むしのパックは足りなくなかったのであるが、その日、六時間目後、学年会が始まるまでの時間に利久を残して調べたところ、きのう留雄が余分なさかなっつを組の分が足りないとごまかしてもらってきたのに味をしめ、今日は利久を誘って二人で茶碗むしのパックが六つ足りないと言いに行き、今日は給食室でもう一回調べて来なさいと言われて利久だけがやはり足りないのでほしいと、再び取りに行ったらしいことが分かった。

一月一二日(水)、当日、茶碗むしをみんなの机に配布する係であった小松や、中田美子などにも確かめて、さらにK調理士に足りないと言って来た時の二人の様子を聞き、次のようであったことが分かった。

最初、一月一〇日(月)、給食室の入口近くに今日の給食献立のサンプルとして置いてあるものの、一つのさかなっつを、やって来た原川留雄が黙って取って自分のポケットへ入れておいてから、「もらっていい」と係の調理士に聞いた。

もちろん、全校の給食当番の児童たちが今日の配膳の仕方の見本として見ていく物だから「だめ」と言ったら返した。そして、組のさかなっつが六つ足りないので取りに来たと言うので六つ渡した。数が間違って過不足のあることはままあるし、あまり平然と言ってきているので、この時は言って来ている通り渡した。

ところが翌一一日（火）も、今度は利久とやって来て、また茶碗むしのパックが六つ足りないと言うので、「確かめてきて」と言ったら、利久だけが再度やってきて、今度は三個か四個足りないと言い変えてきた。それで調理士が教室へ確かめに来たというわけである。利久は私のところへは再度取りに行ったのは、自分の分の一個だけ足りなかったので行ったと、うそを言っていた。

調べの済んだ一二日（水）の夜、今回の事件の基になった原川留雄の家へ出かけた。留雄の家とは二年間で五年生と六年生の春の家庭訪問の時以外で、特別に二回親と話し合っている。手紙を持たせて連絡したのは三回である。五年生の一〇月に金銭の貸し借りで村木利久と問題を起こした時に手紙連絡をした後、訪問している。一一月には算数の教科書をなくしたことで手紙連絡をした。

六年生の一〇月になって、いじめの問題がクラスで浮上した時、山谷の言いままになって見張り役をしたり、いじめられたりし、自分の生活の乱れもひどい留雄は山谷、一男（一男はこの時、親の方から来ている）に次いで親と話し合った。この時は山谷と同じように学校へ親の方から来てもらったのであるが、父親、母親二人が留雄も連れてやってきた。しかし留雄の学習や生活の態度にはあまり変化が見られなかった。

いつもの通り、学校での、その日の後片付けも済ませて出かけたので、午後七時を過ぎていただろうか。団地の階段を上がっていくと、留雄の父親も仕事から帰っていて、今日は父親と話すことになった。途中で父親は留雄に何かを聞きただすため呼んだが、「留雄」と大きな声で隣室にいる留雄を呼ぶと、すぐさま「はい」と大声の返事が戻ってきて留雄が顔を見せた。

その態度は、組の中では最も家庭では甘やかされた子だろうと予想された留雄とは全然違うものであった。

父親を恐れているとも言える態度で、私は本当の父親ではないのでは、というような想念を、この時以来持つようになった。学校でのしまりのない留雄とは、あまりにも違う姿だったからである。

団地からすぐ近くの会社に勤める父親は、当時五五歳で、留雄は四三歳の時の子で、留雄が一番上の子であるから、小学生の親としては例外の年齢である。下に四年生の妹がいる。母親は四五歳で父親と一〇歳離れている。本籍がT・Eとなっている。

留雄が給食が足りないとごまかして、ほしいものを給食室から持ってきてしまったことを話すと、意外に父親は留雄のしたことを全然受け入れようとせず、その時の事情を私から聞き出すような言葉に終始して、留雄がしたことを認めようとする姿勢を全然見せなかった。

私は、今日はうちへ調べに来たのではなくて、目的は留雄の学校生活がなお乱れてきているのを、家でも少しでも自重したり、自覚したりするよう働きかけてほしいということにあった。

給食が足りなかったのは、誰かが後ろへ置いたからでというようなことばかり言う父親に、私は父親がこの事実を受け入れようとしない姿勢が分かってから、話しても意味がないと感じて、分かってもらおうと説明するのはやめた。

小一時間いたであろうか。留雄の父親はあぐらをかいていたが、私は勧められないままずっと正座であった。

（父親も手がつかなくなってしまった姿を感じるが、今の私なら、この子に俊介の時と同じ「言葉の真実の重み」ということを何度でも時間がかかっても、とらえて指導するつもりである）

一月一五日（土）、週指導案簿の記録欄に、学級の男子児童の様子を次のように書いた。

子供たちの様子を見ますと、先生はいくら叱ってもまだ理性があるからより怖くはない。山谷や登などのボスは理性がないから何をされるか分からないから怖い（一二月に長山久の母親が、久が山谷を怖がっていてCDなどをよこせと強要されると言って来た時に、このことは久にも山谷にも言わないようにと言ったあと、久はへたをすると殺されちゃうと言っていると付け加えている）。だから怖い方の言うことを聞かねばならないという様子があります。

そして、このボスにどうやって少しでも認められてボスにいじめられないようにし、ボスを取り巻く仲間の中で自分の地位や状態をよくしようかと汲々としている子供が何人もいます。原川留雄、本山一男、村木利久、仁藤忠典、木下正也、長山久らです。

また山谷や登は、それらの子の心情をよく知っており、巧みに他の子をそそのかしては、あっちをいじめこっちに暴力を振いして、これらの子に言うことを聞かせています。

これらの子は、被害が自分のところへ来るのに、一層その悪い雰囲気を助長することに競って競争してしまうという、悪循環を繰り返しています。

家庭の親も、そのことはかなり分かっていながらどうしようもないし、子供も、こちらがそれを解決しようとして手をつけようとすれば、必死になって否定する姿勢を取るので、一挙に解決というわけにはいきません。

G校長は欄の余白に、

「一挙に解決は難しいと思います。一つ一つのことがらに対して、ひとしく処置、助言、指導をしていくことが大事かと思います」

と書いてくれている。

一月二〇日（木）、たいへん困ったことが起こった。毎週、週末に次週の授業の計画を書き入れ、その週の学級の教育の反省を主に、いろいろな意見、感想などを記入し続けてきた週指導案簿がなくなったのである。

この記録にもたびたび取り入れている通り児童個々の行動や、それについての意見だけでなく、後ろには各教科の一人一人のテストの点、評価、個々の行動記録を書き入れた欄もついていて、学校により多少型式は違うが、その学校の教職員は全員持っていて、T小では、毎週校長に提出することになっている半ば公簿である。

その日の授業の自分の立てた予定や内容、週の計画などいつも首っぴきにしているため、私は教室でも会議の場でもどこへでも持っていき、常に自分の机上に置いていた。

この緑の表紙のB5判の週指導案簿が、この日六時間目、クラブ活動の時間に私はソフトボールクラブ担当のため、指導案簿は教室の教卓の上に他のノートや、書類つづりと一緒に置いて、運動場へ行っている間になくなったのである。

五年生の一一月に、原川留雄の算数の本がなくなったことを書いてから、六年生の七月に教師の戸棚や引き出しをいじる子供、一一月に女子のかばんからノートの持ち出しなど、人の物や公共の物を黙って持ち出したり、隠したりする男子児童のことを書いてきた。

六年生になってからは、弱い子の物を隠すという行動がはやった。今、私の手元にも子供たちを卒業させた後、教室を片づけていて思いがけない所から出てきた六月一四日を最後の日付にしている使いかけの本山一男の漢字書取り帳や、もう処分してしまったが出てきた仁藤忠典の赤白帽なども、いろいろな当時の記録と一緒にしばらく持っていたぐらいである。

この日、うちへ帰って、いつものように明日の授業の支度をしようとして指導案簿のないことに気づき、あわてて探し回った。最初は学校へ忘れたかと思った。いつも一緒に置くようにしているノートやつづりはあるし、翌日学校を確かめて、やはり学級の子供が持っていったこと、持っていくなら二〇日（木）の六時間目のクラブ活動の時間しかないことを突き止めた。

まさか教師の、このような物に手をつけるとは思わなかったので、驚きと一緒に、外部に子供一人一人の毎回のテストの記録や、一、二学期の評価の下書き、行動の記録の下書きまで記入したものが出ていくということは本当に困った。校長にも相談し、こちらに手落ちがあるわけでなし、手を尽くして調べ、どうしても出なければ仕方ない、対応を考えようということになった。

この日、一四時五〇分から一五時五五分のクラブ活動の時間に、少し早目に終わって教室へ帰ってきた子などの話から、遊び方クラブの本山一男、村木利久、長山久がクラブ活動の途中から教室へ戻ってきていたことが分かった。指導案簿のなくなった翌日は、市教育研究会のある日で、午後は全職員自分の担当教科ごとに分かれ、市内の各校へ出張になるので、特別日課のあわただしい日であり、ここまで調べるのがやっとであった。

ところがである。置いてさらに一日、土曜日の三時間目のT小タイム（授業以外のいろいろな活動が組み込まれ、この日は子供たちも担任も教室を離れて、分けられたグループごとに活動をしてくる時間となっていた）が終わって教室へ帰って来ると、教卓の指導案簿のいつも置いてある場所へそれが置いてあるではないか。ほんとうにやれやれで、ほっと胸をなでおろした。

一月二四日（月）、三人の子を調べたが本山一男の可能性が高く、本人も緑のノートをいじったものの、持ち出さないとまで言っていたが、とうとうそれ以上は調べようがなく、この件は完全な解決がないままで終わった。

それ以来、私は、わずかな時間でも教室を離れる時は、この指導案簿や子供の評価にかかわるものなども必ず持って出て、教室には置かないことにした。教室は教卓の中、戸棚の中に物がなんにもなく、私のクラスにはいつも置くようにしていたドッジボールもなく、ますます殺伐になろうとしていた。

週指導案簿の戻ってきた一月二二日（土）に、その指導案簿の記録欄に去る一月一三日（木）に全校で行なわれた県教育研究会の国算定着度テストの、学級の結果について、六の二男子の点数が悪いことについて次のような記録を書いている。

平成五年度六年生の国・算定着度テストの結果を、単純に平均点で学年のそれと、六の二女子、男子を表わしてみますと、

	今年度の学年	六の二女子	男子
国語	六九・五	六八・八	五〇・二
算数	七四・四	七四・六	五八・八

のように出ました。どちらも男子の点数の低いことが顕著です。

昨年度、五年生の時の点数と比べてみますと、

	昨年度の学年	五の二女子	男子
国語	六六・三	七〇・四	五三・六
算数	六八・一	六五・二	六一・〇

国・算ともに男子の点数は低かったですが、学年の平均点との差が五年生の時より国語、算数とも男子は一層開いてきているのが分かります。

勉強においては、男女とも頭の切れる子の多い組ではないというのが、昨年受け持った時の挙手発表の様子などから思った大ざっぱな印象でした。

しかし、男子児童の今年度の結果はふだんの学習態度やテスト直しのいい加減さ、朝のドリルの取り組みの悪さ、家庭学習（宿題）への取り組みが今年は全然悪くなった、などの日常の学習態度の反映だと思います。

同じクラスでも男女に分けて調べてみると、女子は普通の点を取っているのであるが、その女子について、二月五日（土）の週指導案簿記録欄に、次のように書いている。

六の二の女子は素直であり、私の言うことをよく聞く子供たちです。ただ一人、鹿谷久子が授業中むだ話をしていて注意をしても、よく聞かないことがありますが、授業初め、終わりのあいさつや朝、帰りのあいさつなど、クラスで大きい声で進んで言えるのがこの子で、声のあまり出ない（発言などには消極的になりがち）クラスの女子の中で大事な役をしています。

中村綾子も授業中のおしゃべりがややありますが、発表が安定して最も多いのがこの子であり、朝、友達に最もよくあいさつしているのがこの子です。

村部里香は、他のクラスの職員からも褒められるやさしいがんばり屋のよい子ですし、学習に優れしっかり仕事の出来る野村亜衣、太野広美、松上祐子、寺本裕子、山田一美や、協調性のいい伊藤元子、上木友子、家丘しず子、内山由子、藤田広子、山下敬子など、一人も教師に反抗的であったり、一部に偏《かたよ》って仲間をつくるような子がいないのが特徴で、六の二の救いになっています。

二月八日（火）、「一男、朝の会の時間にみんなの前で裸踊り。山谷しょっちゅう、一男に手を出す」の記録のメモがある。職員打ち合わせが長くなると、児童の朝の会に出られないこともよくあり、見張りを立てて山谷が一男に自分の言うことを聞かなかった罰と称し、何かをやらせたものであろう。このことは私が目にしたことではないが、山谷が何かというと一男に手を出し、私が見かけてやめさせたり、私が見ているのに気づいて、一男に手を出しかけたのを山谷がやめるということはたびたびであった。

本山一男はいじめられながらも、山谷に仲間に入れてもらいたくて、私が一男を叱ることに関係づけて山谷から離すように一人別に残しておいても、山谷が「一男」と小声で呼びに来ると、残るように言われているのを無視して山谷の方に行ってしまうのである。

また、二学期のうちのことだが、一男の最も得意のはずの図工の「住みなれた町」（写生）の学習で、学校の周りの景色を何か所かに分けてそれぞれに選ばせ、一男はうまく山谷とは別の場所で一〇時間（一回二時間続きの学習）の写生を進めるように仕組んでやっていた。それなのに、途中から一男は、いつの間にか、いじめられる山谷の場所の方へ勝手に移動してしまい、絵はそっちのけになり、近くの川の水で絵はぬらされ、一〇時間たっても描きかけのままの絵になってしまったこともあった。

今年度に入って六月七日に山谷が正也、太一らを誘って一男に宿題の漢字帳を書かせていることを書いた。六月一四日に一男が、おればっかりやられると泣いていたことを書いた。九月一三日に一男の首の後ろに爪でつかまれたようなかなり深い傷があり、一男は私に何も言わず、うちからも何か言ってくるかと思ったが、何も言ってこなかったことを書いた。一〇月七日に一男が顔にマジックを塗られたことで、父親が初めて来校したことを書いた。書き出してみると、事態はこの間にも次第に進んでいたようであるが、本人からの申し出はこれまでこちらから聞いても一切なかった。

二月一六日、本山一男への集団での暴力がいっそう表面化して、見かけた私が二月一八日朝、家へ連絡すると共に校長、教頭を中心に生徒指導関係の教諭の協力を得て調べた結果、初めて一男が調べを担当した生徒指導主任のH教諭にいじめの事実を話した。

私から家への連絡を受けて、家でも父親が一男を再度問いつめて、ついに一男も父親にいじめられている事実を初めて話したらしく、父親がそれを基に山谷の家へじかに話に及び、一男の父に誘われた時にいじめの仲間に入りながら、いじめられている留雄、利久の親が一男の親と一緒になって、さらに山谷の家へ行って謝罪せよと迫り、山谷の父親が長期出張先の海外からそのためにわざわざ戻って来て、親子一緒に被害者の親やクラス全児童の前で謝るということに発展した。その間の私の週指導案簿の記録欄の記録と、子供の表われも記録しながらその経緯を記す。

二月一六日（水）

・一校時後、山谷が本山一男の席の所へ来て一男を殴っているので止める。

・三校時後、六の三（隣の組）の前の廊下の少し広い所を、六の二の七、八人の児童が囲み、その中で一男の首すじを山谷がつかんで、一男の頭を掃除道具入れに何度もぶつけていた。様子がおかしいので見に行った担任が見つけ、叱ってやめさせる。

・いつも一男を呼び付けて一緒に帰る山谷がまだ教室にいて、一男は逃げるように早く、今日は教室を出たことに気づく。

二月一七日（木）

一校時、体育の始まる前に、教室の後ろ、掃除道具入れの戸棚の運動場側の戸の間に、一男が頭を挟まれる形で押しつけられていて七、八人が囲み、山谷がその中心にいるのを見かけて止める。

・二校時終わり、仁藤忠典ほか二名ぐらいが、一男の席の所へ来てこづいているのを見かける。教師が見ているので、それ以上は進まなかった。

・三校時後、社会科の授業の支度をして教室へ帰ってくると、一男が流しの水道で顔の傷の血を洗っていた。顔の左、額、右など四か所ぐらいから、かじったようなこすれたような小さい傷がいくつもあり、血がにじんだり、下にすじのように流れたりしていた。「一男君、どうしたのだ」と聞くと、いつものように何も言わず逃げていってしまう。

・四校時後、再度聞くが同じ。

・放課後、家へ連絡しようと思うが、調べてみると母親は夜九時過ぎまでいない日であり、何かあってもうちへは来ないようにと言われているのでやめる。

二月一八日（金）

・午前六時四〇分、私が自分のうちから一男の家へ電話。事実を述べて、家で何か話していないかと聞くが、けがは気がついているが、何も言っていないとのこと。学校でも調べてみるが、家でもよく気をつけておいてほしいと言う。

・七時二〇分頃、校長に事実を話し、一男をまず調べてみることを決めて、生徒指導主任のH教諭に一男を、教頭には、この事件にはあまりかかわらない立場で、しかも学級内で事件を見かけていたはずのもと学級委員の鈴木広行を、一時間目の算数の時間にそれぞれ別の部屋に呼んで聞いてもらう。

結果、分かったこと。今まで調べられてもほとんど言わなかった一男が初めて話した。それによると、顔のあちこちの傷は、二月一六日（水）に家の方で遊ぶ約束を破ったことと、学校帰りにいつもやってから帰るように決めている（一男が自分の軍団を鍛えると称して山谷、本山一男、原川留雄、村木利久で始めた）溝飛《どぶ》びをやらなかったという理由で、一七日（木）の一時間目の前、後などに山谷の命令で、原川、利久らに上靴や体育の縄飛びに使う短縄で殴られて出来た傷であり、額の傷は、山谷がその時つねって出来た傷であるということである。
・教頭に調べてもらったもと学級委員の鈴木広行は、ほとんど何も知らないように言っているとのこと。
・二時間目に村木利久を教頭のところへ、原川留雄をH教諭のところへ行かせる。利久は初めなかなか言わなかったが、一男の言った通りのことを認めたとのこと。留雄は虚実を混ぜて言ったようだ。
・三、四校時に山谷を教頭に調べてもらう。やっと事実を認め、教頭は山谷に、校長、担任、一男、留雄、組のみんなに対して謝る文を書かせた。このことについては校長から担任に話があったので、山谷に聞くと簡単な文を持ってきた。
担任の先生に見せてから校長先生のところへ持っていきなさいと教頭に言われた、というので、校長を探すと、ＰＴＡ常任委員会に出ていて渡せないので担任が預かったままになる。その文は次のようなものであった。

〔校長あてのもの〕

これからの学校生活について

山谷次郎

これからは、人をいじめたりしないで先生のいうことはしっかりやっていっていき（原文のまま）べんきょうをしっかりやってクラスの人にべんきょうをやりやすいようにしていきたいです。

〔本山一男あてのもの〕

山谷次郎

かずお君へ

なぐったりけったりしてごめんなさい。これからは自分でかばんなどを自分でもっていきます。エアーガンでたおれているときにいっぱいうってごめんなさい。

〔担任へあてたもの〕

めいわくをかけたりあだなでよんだりまちがったりするとなんかゆったりしてごめんなさい。

〔原川留雄へあてたもの〕

おんぶしてるときにうしろにたおれたりかばんをもたせたりなぐったりおこってごめ

んなさい。

〔クラスのみんなへあてたもの〕

休み時間に帰ってくるのがおそくてべんきょうをおくらしたりしてごめんなさい。

・一男の母親が午後四時過ぎに来校して、校長室で一男の被害の事実を話す。一男が初めて家で、私が朝、電話をした登校前の時間か、きょうの下校後に親に山谷たちに受けた暴力を話した模様である。

・一男の母親が帰った後、続いて一男の父親が会社の帰りに寄ったと来校、次の、学校で呼んだ山谷次郎の母親がやって来る直前まで一男の被害の事実を話す。一男が傷つけられている。靴がなくなった事実がある。指導しているかなど。

・山谷の母親を呼んで、（父親は大手メーカーに勤めていて海外へ長期の出張中）校長室で二時間ほど事実を話し、家でもよく注意してもらうように話す（校長、教頭、生徒指導主任、H教諭と共に）。

二月一九日（土）

・山谷に続いて、一男に暴力を振う側に加わった村木利久の母親を呼んで、校長室で校長、教頭と共に暴力の事実を話し注意を促す。

・山谷の母親から、一男の靴を洗って一男の家へ返しに行くと、土曜の夜、教師宅に電話があった。この日、私は週指導案簿の記録欄に、今回の件について次のように書いている。

今回の本山一男の件ではたいへんご迷惑をおかけしてすみませんでした。また、的確なよいご指導をいただきほんとうにありがとうございました。

私の指導の及ばないところはいろいろ反省していますが、今回は一男へのいじめ、暴力を食い止めるということに私のねらいがありましたので、そのねらいは何とか出来たのではないかという感じがいたします。

暴力が一層輪をかけて大きくなっていくことが一番こわいことだと思いましたので、私の指導は、先生のご存じのように不十分のままでも、一男のうちへ呼びかけ、H先生や教頭先生に御協力いただき、だんだんひどくなる様相をしていた問題をひとまず止めることが出来たのはよかったと思っています。

村木利久は、私のクラスで悪いことに一番なびいて平気で、しかも反省のない子でした。学習では力がありながら、提出物の情況は最も悪く、宿題がほとんど出ていません。階段掃除など全然やらずよそで遊んでいて、呼びに私が行くと逃げる子です。授業態度も悪く、授業中に立ち上がってふざけ、机の中の整頓が悪く、清掃なども遅れていくことが多い。しかも、注意されても反省のない子でした。合わせて親に話していただけてよかったです。

二月二〇日（日）

・この日、日曜日の午前中に村木利久の母親が、本山一男の家を訪ね、話を聞いてきたということを月曜日の連絡で知る。

二月二一日（月）

・利久の家より、近くの児童に言づけて、今日は利久に土曜日に学校で話を伺った件で、夫婦で利久からじっくり聞くので休ませるかもしれないと手紙が来る。しかし利久は二時間目の途中で来た。利久の母親からの手紙は次のようであった。

土曜日はお忙しい中、長時間にわたり利久のことでありがとうございました。状況が何もわからないまま伺いましたので驚くことばかりでした。

一昨日、昨日とちょうど公演のため（利久は母親の勧めで演劇活動に参加していて、日曜日にはその発表会のようなものがあった模様）当日ということで、他の方に迷惑をかけるわけにいかず、話し合いが中途半端です。もう少し利久と話をしたいと思いますので送っていきます。話し合いが長引けば、休ませることになるかもしれません。

今日は主人も無理に会社を休んで三人で伺いますので、よろしくお願いいたします。

二時間目後、利久が登校してきた時に、見て下さいと持って来た連絡帳には、次のように書いてあった。

昨日、午前中、公演のしたく直前まで（一時間半近く）本山さん宅へ伺ってきました。私の方は、土曜日に学校で伺った話が初めてでしたので、お話を聞いていることがほとんどでしたが。

今朝初めて、ゆっくりと利久の話を聞きまして、学校側へお話したいこともございます。授業態度につきましては、下校がきょうは早いようですので、帰宅後また話し合うつもりでおります。

「いじめ」といわれることについては、ぜひもう一度、校長先生、教頭先生にもご同文のとおり）いただきたく重ねてお願い申し上げます。主人も私も会社を休んで真剣に話し合っています。どうぞお忙しい中、恐縮ですがよろしくお願いいたします。　村木

2／21　わかりました。お待ちしています。新藤　印

・夫婦で学校へ伺って話を聞きたいという連絡に基づいて、この日の午後予定の教育課程編成委員会の会合の終わった五時より三時間ぐらい、利久も含め話し合う。親は初めいじめと認めず、けんかだという主張をしていたが、終わりには利久ともいじめを認める（校長、教頭、H教諭、新藤、村木利久とその両親、於校長室）。

学級の半崩壊状態の中でひどくなってきたいじめが、ついに親たちもからんだ大きな問題になり、一つの形の上での区切りを迎えることになるまでの経緯を、日を追って書き進めているが、その間に起こった学級の出来事や、そのつどの私の週案簿の記録欄の反省なども、特にその経緯とは特別には関係なくても、起こったり記録したりした順に間に挿んで記していく。

二月二三日（水）、これは本山一男に対する集団のいじめ（いじわるというか）であるが、何人かが見え隠れしている様子を見ると、一男に対する直接の暴力を親までからんで止められた山谷が、他の子を動かして別の意地悪を始めている様子がうかがわれる。

三時間目、国語の時間、国語の教科書が一冊余分に言語障がいで、組の男子たちが特に最近故意に避ける山本利子の机の上に乗っているのを見かける。

三時間目後の休み時間、山本さんに国語の本をぱくられた（盗まれた）と一男が来る。そんなことはあり得ないので相手にしないでいる。少ししつこく来るので山本に聞いてみると、隣の席の利久が一男の国語の本を山本の机の上に乗せたと言う。

四時間目後、一男さんが私の国語の本を取って返してくれませんと山本が言って来た。一男に聞くが知らないと言う。山本に再度聞くと、国語の本は一男さんが私の机の中から出していったと言う。一男に聞くと、知らないと言い張るが、そのうち机の中から出して（原川留雄の机の辺りを指して）、そこらへ置いたと言う（置いたのに誰かがまた入れたの意か）。

五時間目、算数の授業の途中に一男が席を出てきて、前の方の席にいる原川留雄をいきなり殴ろうとする。近くの席の登らが止める。教室の後ろで一男はしばらく泣きべそをかいていた。授業が終わった後、一男が半泣きでずっと木下正也を追いかけていた。

二月二七日（日）、本山一男の父親が、長山久、原川留雄、村木利久の家を訪ねて話を聞いて回ったようだ。子供たちは自分のされたことは言わないが、人のされたことは少しずつ話したとのこと。父親は、夜、そのことをもとに一男に聞きただし、今まで聞いてもかたくなに話さなかった事実を一男が父親に話し、それを父親がワープロに打ち込んだ。

このワープロに打ち込んだものを基に父親は山谷の家とじかに交渉し、他の父母を糾合して学校へも後日、そのコピーを持ってやって来た。そのコピーは左のようなものであった。

〔山谷次郎君の無謀行為について〕

1　一学期に、母親が山谷君に「一男にかまわないようにしてくれ」と言ったら、『お前の親はむかつく』と言って、山谷君からひどくなぐられた（以前に書いたが、私が平田正典君や留雄君とは仲がよく、うちへも二人から電話が来るが山谷君と付き合っているとは知らなかったと言った母親に、山谷とのかかわりを話したのは、五年生の終わりの三月一九日〔金〕であった）。

2　昨年秋（平成五年六年生の二学期）、体育館で祖父母から昔の話を聞く集会が行なわれた。山谷君は、A君に、一男の顔にカラーマーカーでいたずら書きをするように命令し、A君は実行した。くっきりと書いたためか、六年の他クラスの教師にも「顔を洗え」と言われたと、後日担任より聞いた。

帰宅して顔を見て、母親がおかしいと思い、父親がしつこく「誰がそんな幼稚なことをしたか言いなさい」と追及したが、かたくなに言わなかった。そして「電話なんかしてくれるな」ともめたが、二人の友達に聞くとA君の名前が出た。A君の親に電話したが、結局、本人が肯定も否定もしなかったと言うので終わった。この時は誰一人として山谷君の名前は言わなかった。

〔ここで私の記録の「一男の顔へマジック」事件の最後の記事になるので付け加えておくが、あれだけ教員全部の協力を得、子供たち全員、特に関係のない女子も入れての調べの結果、「山谷の命令」のような理解で終わった。

しかし、私の現在の記録と反省、点検の結果、この事件は別のボス佐藤登が起動している。

山谷が「おれが来た時は、もう顔にマジックで書いてあった」というのは事実で、低学年からのボスであった佐藤登（この名は誰からも出なかったが）が、そばにいた仁藤忠典に指示し、木下正也らが寄ってきて広がったものである〕

こういう問題は事実ということが大がかりに調べても、いかにはっきりしないか、ということで記しておく。

3　この一年間、何度も一男の顔、腹、背中にひっかき傷や打撲のあとのようなものを見つけたが、けんかだとか、自分でころんだと言って、決して○○にやられたとは言わなかった。今やっと（六年生になっての二月二十七日以後）のこと山谷君が直接なぐったり、他の者に命令して殴らせたことを明らかにした。つまり、親や教師に言っても、結局、山谷君に『チクッタな』と言われて、何倍にもなってまた殴られることのほうが恐怖だった。

山谷君はロッカーの上から無抵抗の一男の体に飛び降りてきたり、上靴をはいたまま足を一男の顔に押しつけたり（一月末に担任が目撃したことだが）、六年二組の教室の掃除道具ロッカーに、一男の頭をごんごんとぶつけたり、顔面を容赦なく殴ってきたりした。さして理由もなく、自分勝手な気分によることが多い。

４　山谷君のスーパーファミコンのカセットを売りに、ファミコンショップへ行くようにB君に山谷君が命令した。しかし、売ってこなかったために、一男とC君にB君がちゃんと売ってくるように、見張りのためについて行けと命令した。だが、また売ってこなかったので山谷君に殴られ、一男の受けたパンチは、左目の周りに青あざができるほど強烈なものだった。しかし、一男は家族には一対一のけんかだと言っていた。

５　本年一月、地区のマラソン大会に山谷君が出場した。一男が、山谷君が走るのを見に行かなかったため、気に入らないので一男を殴った。

６　昨年一一月頃、山谷君は自分を頭にして山谷軍団なるものを結成した。五人が自分の手下であると決めた。一男たちにとっては、勝手につくられた軍団であるとの気持ちが強かったようだ。

修行と称してロッカーの前に五人を立たせて、山谷君は社会ノートなどで殴った。クラスの多くの男子はいつも笑って見ていることが多かった。女子は見ぬふりのようだった。つまり、一男たちにとって、傍観していたり、はやしたてたりしていた者がどうううったか。山谷君のほかにも加害者がいるように感じたようである。

山谷君は自分のことを『山谷様と呼べ』と一男たちに言っていた。通学途中に山谷君は自分のナップザックなどを一男に持たせ、もし重いのでいやそうな顔をすると、山谷君は「笑顔。笑顔」と言った。

『鍛えるため』と言って、一男たちが山谷君に殴られる時は、目をつぶっているように言われた。三月一日、いつもの山谷君の【集合】の合図である口笛を、一男が無視すると、B君に「一男を五〇発殴れ」と命令した。

7　本年一～二月、山谷君は一男に一緒に帰ることを命じ、途中の田んぼの溝《とぶ》を跳ぶことを強制した。一男は跳べないため、何度も靴やズボンのすそを泥まみれにしては帰ってきて、家の者にとがめられていた。

ある日、跳べないという理由で、山谷君に溝へランドセルを投げ込まれた。泥まみれのランドセルを見てまた家人に叱られ、中の教科書、ノートはぐにゃぐにゃになった。二月の初め、跳べないという理由で一男は山谷君に木の棒で左目をこづかれた。上まぶたから目の下にかけて縦に傷を受けた。ひどい傷で一〇日ぐらい跡が残っていた（失明でもしたら……）。

8　二月一五日～一六日、一緒に帰る命令に背いたという理由で、山谷君は一男の顔や首に無数のひっかき傷の暴行を働き、B、C君にも「一男を殴れ」と命令した。

〔山谷君から一男への金銭、物品要求について〕

1　二学期に、山谷君から要求された金が渡せなかったので図書券（五〇〇〇円）三枚を取られた。

2　CDドラゴンクエスト（Ⅲ・Ⅴ）（二九〇〇円）二枚を山谷君に取られた。

3　ゲームボーイのカセット〝ドッジ弾平〟を山谷君に取られ「返してほしければ一〇

○○円持って来い」と言われ、一〇〇〇円払って自分の物を買い取ったことになった。
4　本年一月に五人でユニーへ行ったとき、「マンガを買いたいから五〇〇円貸して」と言われ、五〇〇円取られた。結局、バス代を残して山谷君に全部取られたことになった。
5　いつも、どこかへ遊びに行くと「金を貸してくれ」と言われる。たとえば「一〇〇円ちょうだい」と言うので一〇〇円渡すと、「これしかくれんだか」と言ってくるので、二〇〇円～三〇〇円ぐらいは渡すことになる。回数は何回もある。
6　ヤナギヤのゲーム機で遊んでいると、たかられたり、ゲーム機にお金を入れるとすぐに、または一番楽しいところで横取りされたことが何回もある。
7　お金を貸しても、いろいろとけちをつけてほとんど返してくれない。そして、「今までの持って来なかった分に利子を付けて一〇〇〇円持って来い」「明日お金を持って来なかったら〇〇（女子）に抱き付け」「〇〇を殴れ」「ぼこぼこだぞ（みんなで殴るという意味）」ということを日常的に言っていた。
8　夏に二人で市民プールへ行った時、バス代、入場料、サークルKでの菓子代を払わされた。
9　その他山谷君に取られた物――テレフォンカード（五〇度数の新品）、ジュビロの旗（小）、ボールペン五本、カンペン二個（黒）、使いかけで二～三〇度残っていたテレフォンカード
◎金銭や物の要求を断わった時には、ひどい暴行をしてくることがあるので至上の命令であった。一年以上に渡る欲求不満のはけ口が、一男らへのいじめとなって継続してきたこ

とは、許せない事実である。

無謀行為としてあげられていることは、ほとんど部分なりとも私も把握していたことが多いが、私の方から本山さんに連絡したことや、ダブっていたり、前後が違っていたり、あいまいのまま記録してあることもある。だが、「金銭物品要求について」に記録されていることは、私のほとんど知らなかったことであり、前に記したように五〇〇〇円の事件や、一男のゆすりなどの出来事もあったが、金品をこのように何度も取られているとは驚きであった。

しかし、一男が山谷と関係していく間に、仲間にしてもらうために貢ぐような形で始まったものがエスカレートし、定着していったとも考えられるのである。

二月二七日(日)、この日のうちに、調べたことを基に山谷の家へ一男の父親が行くと電話すると、山谷の家の方から、子供を連れて謝りに行くと言われ、その日、夜、次郎と母親で本山一男の家へ行った。山谷次郎の母親と次郎へ別々に、一男の父からかなり厳しい話がなされたようだ。

二月二八日(月)、本山一男、原川留雄、二人だけで下校した。

三月一日(火)、登校時に山谷が留雄の腹を蹴る。夜、一一月末に山谷からのいじめで相談を受けている長山久の母親から、本山一男君の家に、山谷君から被害を受けた子の親同士で話し合いに行くから、先生もその時には一緒に行ってほしいと教師宅に電話があった。私は、被害を受けた中味がはっきりしないので、はっきりしたら対応しますから、よく調べて教えて下さいと答えておく。

三月三日（木）、はっきりした記録がなく、いつであったか確かでないのだが、この頃、確か校長から一男の父親が調べてワープロに打ち込んだ「山谷の無謀行為」と「金銭物品要求」は渡されたように思う（二月二十七日の記録に書いたもの）。

また、五組のO教諭から、「山谷に一男のおやじから話をされた時のことを聞いたが『殺す』（一男に手を出すと）と言われたと言っていたぞ」と聞いたのもこの頃である。一男の父親が学校へ来て、校長も共に話している時に、こちらにはこわいおじさんが付いていると知らせなければならないと言っていたことも思い出す。

三月五日（土）、夜一〇時、教師宅へ山谷の母親より電話があり、本山一男、原川留雄、村木利久、長山久の親がうちへ来て、いろいろ事実を挙げ、きちんと謝罪せよとのこと。自分だけで対応できないので、海外へ出張中の父親を呼んでもう一度話し合うので、先生もその席へ出てほしいとのことである。

三月六日（日）、朝、土曜日の夜の山谷の母親からの電話のことを校長へ連絡、話し合いは山谷の家ではなく、学校を使ってもらうように話すことにして、生徒指導主任のH教諭へも連絡した。

山谷の家へ連絡しようとしたが、母親は一日、仕事のため留守で、夜の九時二〇分になってやっと、今、出張先から飛行機で帰ってきたばかりだという父親に、このことを伝えることができた。

三月七日（月）

・一校時、一男、留雄、利久、久の四人を相談室に呼んで今までの被害を紙に書かせる（H

教諭と）。
・二校時、山谷を相談室に呼んでやったことを書かせる（教頭）。
・一〇時五〇分、本山一男の父親来校。校長と担任の私とで校長室で昼まで話を聞く。自分の調べた一男の受けた被害を話し、学校の対応が充分でないようなことを言っていく。その時、自分の読んだ、いじめに関する本を置いていくから、読んでくれと言うので校長断わる。
・二〇時、相談室で、山谷次郎の父親、本山一男の父親、原川（留雄）夫妻、長山（久）夫妻、村木利久の母親、校長、教頭、生徒指導主任のH教諭、新藤で話し合う。山谷は昨日の日曜日のうちに、父親と各家へ返す物を持ったり、お金を返したりして謝罪に行っていた。
話し合いの場で一男の父親は、自分と話し合った時の次郎君は本当に悪かったという態度でなく、注意している私をにらみつけた時の目は、やくざの目でしたと言って、改めてしっかり謝罪することを強く主張した。結局、山谷次郎と親は物品、金銭の面でも特に被害をかけた四人の児童とその親に謝り、クラスの児童全員にも迷惑をかけたことを謝ることが決まった。二三時二〇分。

私はこの日の話し合いに、山谷君がいい子になるには、一男君がいい子になるには、留雄君がいい子になるには、という姿勢で臨み、話し合いの中でもそのように口に出したが、一男の父親は、それはおかしい、悪いのは山谷次郎君であると言った。

私はその折々で、ずっと書いてきたが、一男は被害者であっただけでなく、クラスの中で山谷に次いで悪かったのは一男であり、一男が山谷の仲間になるために、たえず山谷の方へ寄っていってしまったことを父親はどこかへやってしまっている。

三月八日（火）

・一校時、（於相談室）山谷は夫妻で出席、本山一男の母、原川留雄の母、村木利久の母、長山久の母とそれぞれの子供の前で、山谷次郎と父親が謝罪（学校側は、校長、教頭、生徒指導主任、新藤が出席）。

・二校時、教室でクラスの全児童の前で、山谷次郎と父親が謝罪（山谷夫妻と本山一男の父親と校長と新藤）。

私は教室で山谷父子が謝る前に、子供たちに次のような話をした。

これから間もなくみんなは中学校へ進むことになるが、六年二組には、その前にぜひ解決しなければならない大きな問題があることに気づいて、多くの父母の方と先生方も、少し前から、そのためにいろいろ調べたり動いたりしてきた。その結果出てきたことは、驚くほどのぞーっとするようなことであった。暴力、お金を人に渡す、人から受け取る、物を正しいやり方でなく受け取る、渡すなど。

それを山谷君も認めた。おうちの人も認めた。被害に遭った人のうちの人も認めた。被害に遭ったこの組の人も認めた。合わせると、万というお金が子供同士で動くところまで進んでいた。山谷君がその中心になっていた。しかし、山谷君一人だけではここまでこない。この組の他の人も、それに力を合わせてしまったからである。

これからは、正しくないことは、一人ひとりが絶対しないようにしよう。こわいから悪いことでも従うということはなくそう。自分のことをきちんとしよう。みんながしないから自分もしないということをなくそう。山谷君のためにも、みんなにも、いい仲間、いい友達、いい中学の友達になれるよう心を決めよう。

山谷と父親の謝る言葉は、どちらも簡単であったように思う。

この後、校長室で山谷夫妻と一男の父親に校長からあいさつがあり、終わったわけだが、校長が最後に、「何かお話がありますか」とみんなに言った時、一男の父親が、「ちょっと……」と私の顔を見て何か言いかけたが、「ま、いいです」と口をつぐんだ。

私には、山谷君一人ではここまでこない、みんなが山谷君の悪い面に力を合わせてしまったから、こんなひどい状態になった、山谷君も直さなければならないが、みんなも直さなければならない、と言った私の言葉に抗議があるなと分かったが、誰も何も言わず、それで終わりになった。

本山一男の父親が私の記録に出るのは、ここで最後になるので記す。

父親は、自分の子が初め山谷に接近し、いじめられながらも、あくまで山谷についていき、高校に入るまでも山谷につき、学級内における悪事も常に先頭を切り、終わりまで悪いことをやり抜いた一男に気がつかなかったのである。気が行かないのである。そのことをどこかへやってしまっているのである。

山谷の父親は、この日すぐに新幹線で浜松駅をたって、成田から飛行機で出張先へ帰ったはずである。

次の週の三月一四日（月）からは、卒業式練習を含めた特別日課や午前中で終わる短縮日課が続いて、とうとう最後の日が来た。

三月一八日（金）、卒業式の日、式が終わった後、女子は、親の持って来たカメラでしきりと私と写真を撮りたがったが、男子は誰も私のところへ寄って来なかった。この日は、もう、一二時、卒業生下校の時刻までに型どおり送り出すだけであった。

三月一九日（土）、卒業式は前日の一八日（金）に終わり、六年生のいない修了式が行なわれた。この日、週指導案簿最後の記録に、私は次のように書いた。


一年間のご指導ありがとうございました。特に本年度は、校長としての先生のお立場で、私の学級の問題をかっきりと援助下され、危機を何度も外側から支えていただいた感じがいたします。本当にありがとうございました。教育のプロとして平静を装っていましたが、悪夢のような一年半でした。私の今までの教育の三四年間で、最悪の子供の数人であり、最悪の子供たちの集まりでした。


特に昨年秋、一〇月一九日のスポーツテストでのこと以来、私は担任としての働きを失ったと感じていました。こうなったら、私が急病にでもなったことにして学校を以後休み、別の人が学級担任としてやるのがよいことだと感じながら来ました。

「禍を転じて福となせ」と言いますが、その中での私の大きな学びは、学校の働き、学級を指導する個人でない学校の働きの大切さと、その働きの大きさを認識したことでした。

私の教育姿勢が今後変わるとしたらその一点です（現在考えて、この後私は、非行に対しては、敏感になり、対応も厳しくなったと言えるが)。

最後に、六の二の女子たちは、私が今まで受け持った三四年間の子供たちの中で、男子の場合と逆に、もっとも私と気持ちが合った子供たちであったと思っています。

もう一つ、ひそかに付け加えさせていただくと、最悪の状態でしたが、新採以来やり続けてきた私の教育活動と、やる気のある子供たちに対しては、授業や学級の活動でマイナスはほとんどつくらなかったと自負しています。


この年、平成六年四月一日から私は四年間過ごしたT小を転任し、地元の静岡県I・R小学校で、教員生活最後の勤務をすることになった。

私はこの後、T小六年二組の男子のことは思い出したくもなく、もちろんT小の方へもなるべく行かないようにしていた。いつかは整理し記録しておくつもりでいた私の三七年間の小学校の教員生活のうちの最後に近い部分での記録、つまり子供たちになんにも言うことを聞かれなかったし、子供たちに馬鹿にされた(同じ教員の友達は、子供たちがあんたをなめ切っているのだと言った)という屈辱感に満ちた特異な体験の諸記録を、触れもしないで置いていた。

R小に移った後も女子は、あの子、この子と手紙をくれ、その中には、私の最も力を入れた道徳の「父母の敬愛」にかかわることが書いてあって、大事に別扱いにとっておいてあるものもある。何人もの子が二人、三人、数人で、バスで、自転車で遠いところを何度か遊びに来た。

それは最初の一年が多く次第に間遠になり、平成九年四月二日、三年たって私が六〇歳で停年退職した年に彼女たちは中学を卒業し、一一人がアルバムを持ってやって来たことは、前述した通りである。

男子はどうであったかというと、最初の一年に私が学校から午後七時過ぎに家へ帰って来ると、家内が「今日、子供からあなたへ電話がかかってきて、留守だと言ったらそのまま切れましたよ」ということがしばしばあった。多い時は月一回、しばらくないと二、三か月置いて、またというようにあった。ひと時、二、三日おきにかかってきた時もあった。

必ず私がまだ勤務している平日の午後一時から三時頃かかってきて、私が家にいると分かっている夜には、決してかかってこないのである。半ばいたずら電話のような調子で無責任な物言いの様子なので、ほっておいた。電話の後ろから他の子のふざけているような声の聞こえてくることもしばしばあったようである。

男の子で、同じ子であり、自分の名は言わず、先生と言わずに新藤英晶さんいますか、という言い方で、家内が、まだ帰っていませんがとか、今、留守ですが、と言うと、そのまま切れることの繰り返しであった。大体同一人物であるが、他の声が二、三回あったということである。

私は初めから本山一男であると思っていた。しかし、この子たちと私の関係を絶対に家内の前に持ってきたり、私の家庭にいささかでも入りこませたくないというのが正直な私の気持ちであった。幸い電話には特別な意図がなく、向こうも私を避けるようにかけていた。察するに、一男は、自分はその気はないのに、小学校時代の組の仲間に私のところへ電話をかけさせられているのである。

子供たちが中学卒業を間近にした頃だったろうか、勤めから帰って来ると、きょう本山という子から電話があって、帰ったら自分のところへ電話してほしいということだったと、初めて自分の名前を言った電話がかかってきた。

その夜、私が電話をすると、一男にとっては幸いに親でなくて本人が出た。案の定、特に目的や連絡もなく、仲間に自分は代表して連絡をとったという形をつくればよいだけのような内容で、私は、高校受験はどこを受けるかとか、頑張ってやれよとか話した。向こうも特に話すこともない様子で短い電話で終わった。思っている通り、目的があっての電話でなく、仲間にかけたという事実をつくればよい電話だったのではないかと思っている。

この後、中学を卒業して高校一年の時であったと思うが、私の思っていることのはっきりする電話があった。本山一男から私が家にいる時刻にかかってきて、別に話すこともないのにかけている様子なので、私が、本心ではないが、遊びに来なさいなどと言っていると、一男がいきなり、「横にじろうちゃんいる」と言った。

唐突なので言葉がちょっと、とぎれたが、山谷次郎がそこで電話に代わるわけでもなく、何か声を出す様子でもないので、そのままで終わった。やはり一男は中学を卒業しても、山谷や仲間にやらされる、という関係を持っていたのではないかと思っている。

この頃、原川留雄が、そばに仲間がいる様子で、おもしろ半分にという調子で一度電話をかけてきた。それから小松仁平がT町の団地からは、ずいぶん離れたF高校へ通うようになったと電話をかけてきたことがあった。子供たちの電話は、その後なくなった。

八　ボスといじめ、学級半崩壊の半解決
——平成一六（二〇〇四）年、それから一〇年半を経ての同窓会

平成五年、あの子供たちをI市立T小学校で卒業させてから一〇年半ほど経っている。特にあの男子たち、学級半崩壊の中心となっていた山谷次郎や、子分でありながら、いじめられる中心になっていた本山一男、その本山にいじめられていた原川留男などは、その後どのようになっているだろうか。

成人になって社会に出た時、あのままでは通用しない。山谷のあの姿だと、さしずめ暴力団に入って生きていくか、「あしたのジョー」のようにボクサーのようなものにでもなって生きていくしかない。

だが、環境が暴力団に繋がるものが見当たらなかったし、ボクサーになるには、頑張り抜く力に欠けていた。悪い人になるか、いじけた人生を生きるしかない。私のクラスの六年二組の男子の中心人物を、このように想像していた。

現在、二二～二三歳の成人になっている。

いじめられて、さらに下をいじめる本山一男や原川留雄の、あの悪さは、人間として異様

なものがあった。私は彼らが成人として世に出る時こそ、そんな姿では生きられないと思い知る時だ、と密かに想像して心を慰めている面もあったが、その半解決は意外と早くやってきた。

平成一五年の秋であったか、若い女性が我が家を訪ねてきた。コートを着用していたので冬が近かったかもしれない。玄関に立って、「私が分かりますか?」と言うので、「野村亜衣さんではないか」と言うと、「分かった」と言って喜んでいる。

私が上がりなさい、言うのに、少し遅いですからと辞退した後、バッグからK党の議員のチラシを出して、来年、選挙があるのでよろしく、というようなことを少し話した後、T小六年二組の子供たちの様子を聞いたが、二、三、答えて、長居せずに帰っていった。

それからしばらくして、野村亜衣は二人連れでやってきた。連れに「広子さん?」と言うと、やはり喜んで、藤田広子が主になって、立候補しているK議員のことを話して帰っていった。

年が明けて平成一六年の春頃であったか、二人(野村、藤田)で夕方近くにやってきて、選挙の話の後、今度同窓会をやりたいと思いますので、「その時は先生よろしくお願いします」と言って帰っていった。

その後、選挙も終わり、どうしたのかと思っていると、七月の中頃、突然、野村亜衣から「八月一四日の土曜日に同窓会をやりたいと思いますので、出ていただけますか?」と短い電話があった。そして開催の三、四日前に「K町のGで夜七時半から始まりますので、お願いします」と簡単な電話が入った。

亜衣も広子も学級の中心人物ではなかったし、会の進め方も慣れていないようで、しっかりした集まりを期待していなかった。

中学卒業時に一一人の女子が我が家にやってきたが、今度も多分、その程度のことではないか、またGは大勢収容できるような店でもなかった。六年二組は男子一六、女子一七の三三名のクラスであったが、男子はほとんど参加しないだろうと予想していた。

開催当日、私は自転車で行くつもりだったが、玉野亜季から「車で迎えに行きますから」と電話があり、亜衣ら四人でやってきた。中学卒業後、我が家に来た一一人は別として、それ以外の子供たちと会うのは、実に一一年と四か月ぶりである。

化粧の香りがする若い娘たちと同乗して、会場のGに着いた。会費などは聞いていなかったが、祝儀（一万五〇〇〇円）として亜衣に渡していた。

車から降り、女子たちの後に付いて行った。往年とは違い、娘たちはそれぞれに女性の魅力を蓄えていた。当然のことであるが、この子たちはもう大人だと、改めて感じさせられた。

会場は一〇畳ほどで、向かい合って座れるテーブル席であった。最初に案内されて奥の隅に腰を下ろした。

幹事役（亜衣、広子）らが店と交渉している間に、家丘しず子がやってきて、簡単なあいさつをしてから、私の隣に座った。しず子は中学時代は登校拒否だったらしいが、今はA大学に在学していると言った。その横に寺本裕子と中田美子が座った。この子たちは順調にいっていると、この春、大学を卒業していることになる。

間もなくして山下敬子、鹿谷久子、大村仁美、そして来ないと思っていた男子らもやってきて、向こう側の席に座り始めた。

山下敬子は輪郭のはっきりしたかわいい感じであったが、今はきりりとした大人の印象を受けた。K市の短大を出て、I市内の幼稚園で先生をしているとのことであった。

私は横に座った女子たちと話していると、以前、「H高校に通っています」と電話をくれた小松仁平が、向かいのテーブルから近づいてきて、「先生、ぼく、分かりますか」と話しかけてきた。今は、S社の営業部に入っていることのことであった。おとなしい、おだやかな子であったが、六年生の終わり頃、私の話しかけに「うるせえ」と言った子である。

小松と話していると、次々と昔の子供たちが集まってきて、化粧も髪型もおしゃれになって最初は分からなかった大村仁美も、面影は残っていた。鹿谷久子は、T大学に在学中で、教員になるつもりだと言ってきた。努力家ではなかったが、頭のいい子であった。

男子も二、三人加わってきて、その一人が山谷次郎だったようで、集まった五、六人の男子から「山谷、先生に謝れ、謝れ」と声が上がった。あの、みんなに恐れられた山谷が、すっかりみんなと打ち解けているのである。様子もすっきりしていて、まじめに勤めている若者になっていた。

私のテーブルの前にいて、「ぼく、分かる」と言ったのが、山谷の一の子分であった鈴本太一であった。彼は小松仁平に飛び蹴りをした子であった。真っ先に「山谷、謝れ」と言ったのは、山谷の子分でありながら、怖がっていた木下正也であった。

これも最初はよく分からなかったが、遅れてやや小柄な女子が入ってきた。みんなが「よう、よう」と冷やかしたが、近くに来て、学級委員をたびたびやった村部里香だと分かった。

大学を出て、難関の教員検定試験に合格し、市内の小学校の教諭をしているとのことであった。真面目で努力家の村部らしいコースを選んだと思った。

一〇畳ほどの小さな部屋なので、男子たちの会話も聞こえてくるが、確かに山谷次郎がいるが、あの山谷がまったくいないようであった。

今から一〇年前、I市T小学校の学級編成された五年生の子供たちを初めて受け持った時、学級経営案に児童の実態として、極端に落ち着きのない者、太一、留男、山谷次郎、落ち着きのない者、利久、忠典、一男、正典と書いているし、廊下を走る、帰りの会で静かにできないとも書いている。

「道徳性」の欄には『教師の言うことを、よく受け止める素直さがある』と、まだ問題行動が発生していない時の状況を書いていた。友人関係も対等で、教師に対しても素直さのある、問題が生じなかった時の人間関係に、今は、すっかり戻っているではないか。

この会を進めた亜季と一子は、当初は女子一二名ぐらいの予定であったが、こんなに多くなって部屋が入るか心配だったと言っていた。司会進行も何も決めていないようで、男子の中から「乾杯しよう」「今、何やってるか、みんな言おう」「先生から」と声が上がった。

私は立ち上がって、ユーモアを交え、現在の生活を語った。思わず、「東の空に日がさせば、という言葉があるが、今日は東の方から、ぱっと明るくなった気がします」と言った。

子供たちも覚えていたと思うが、I市立T小学校の校歌の出だしは、「東の空に日がさせば　希望が燃えて　高鳴って」なのである。そして子供たちの家があったのは、I市東部の古い農村と新興工場地帯と、T町の団地だった。

その束の方にあった暗黒で陰鬱で重苦しいものが、霧が晴れ、みるみる日が射して溶けていくように、この時、私は感じた（今、思うと納得しがたいものも残ったが……）。

私は自己紹介も終わり、乾杯の音頭を忘れていて慌てて、「おめでとうございます」と言った。それは卒業や就職、成人を付けて、おめでとうと言うべきであった。彼ら彼女らを卒業させて一〇年の歳月の、心にあった彼らに対する暗雲が切れたことを意味した言葉であった。

料理も酒も、質素な宴席であったが、次々と私の前に現われて話すので、箸をつける暇《いとま》もなかった。

各自の自己紹介が進み、緘黙《かんもく》児で、原川留男から陰気ないじめを受けていた山本利子に順番が回ってきた。大丈夫か、とはらはらしていると、山本は昔のように支《つか》えることもなく、氏名、職業など少し訥弁《とつべん》ではあったが、よどみなく話し、ほっとした。

小松と山谷は私の前にきて、小松に促されるように山谷が正座をして謝ろうとしたが、私は相手にしないで笑いながら、二人の近況などを聞いた。

驚いたことに、山谷と小松がまったく対等に話しているではないか。あんなに猛々しくみなを恐れさせていた山谷が、山谷の子分の太一にけがをさせられ、男子で一番下位であった小松仁平とふざけ合うように対等で話している。山谷はH市内のN自動車の修理部門に勤めていて、小松とは仕事の面で何かと付き合っているようであった。

この日、山谷だけが名刺をくれた。そこには社名、所属部署、氏名が、裏には会社までの略図が印刷されていた。かつて山谷からは、小松との人間関係は考えられないほどの変化があった。

山谷は大きく柔らかい手で何度も握手を求めてきた。男子たちはみんなで謝るとか、何とか大声で話し合って、私の前に、かつて苦しめられた鈴本太一、木下正也、伊藤広志ら五、六人が正座をして座ったが、私はそれには全然相手せず、彼らの現況などを語らせた。

記憶では伊藤広志は浪人をしてH市の短大に在学中で、木下正也は長男であったが家業を継がず、別の職業に就いているようであった。

八年ほど前、中学卒業直後、女子一一人が我が家に遊びに来た時、クラス全員の写真をアルバムのようにして持ってきた。その写真では男子児童たちは、小学校卒業時とあまり変化はなかった。というのは、正也は写真に飛び蹴りの靴底の跡が残っているし、太一は、剃り込みの頭をわざと見せるように撮らせている。佐藤登は髪を茶色く染め、制服を着用せず、変わった服装をしている。

中学卒業時は、小学校卒業時とほとんど変わっていなかったと考えられる。それから八年ほどで、成人になり、社会に出て職に就くことによって、このように変質したのである。

座は静かに、私の前に次々と話しかけてくる者と雑談しながら過ぎていった。遅れて「やあ」といってくる者があり、すぐには分からなかったが佐藤登であった。今は髪も染めておらず、短髪で目立った服装でもなく、普通の会社員風であった。そして、かつて他の者に恐れられた感じもなく、みんなの中に溶け込んでいた。

あの陰鬱な人間関係は、今や彼らの中には完全に消えていたのである。ただ、自ら子分になりたがったが、その父親や家族をもろに巻き込んで被害者であった本山一男、その一男にいじめられて、さらに緘黙児の山本利子を陰でいじめた原川留男の二人は、山谷と並んでその後の姿を知りたい人物であったが、この日は来ていないので分からない。聞くところによると、留男は、二児の父親になっている。

借り切った二時間はあっという間に過ぎ、二次会の案内も、終わりのあいさつもなく、みんな出口に向かい始めた。

集金をしているようだが、広子が私に、「先生、一応みんなと一緒の五〇〇〇円だけいただきます」と、一万円を返却してきたが、「いいから取っておきなさい」と辞退したが、広子が「いいです、いいです」と言っていると、脇から小松仁平が「先生、僕らもう社会人なんだから」と口を挟んだ。

店の精算とか、履物の順番とかで混雑していて、渡り廊下のようなところで待たされたが、その時そばに立っていたのが平田正典であった。

校区は、新興団地やアパートから通学する子が増えたが、平田は古くからの農家で素朴な雰囲気な子であった。それが六年生になった時には、ボスの山谷と協調して、私のことを「あのやろう……」と、これ見よがしに言った子であった。

私は今でも、その住宅のある地域には立ち入らないが、近くを通りかかると、「見ておれ、正典、自分が大人になった時、自分が子供を持った時、それでは通らないことを悟るぞ！」と思い続けた子であった。

山谷とは別の意味で、元来そういう子でないのに、友達に、仲間にしてもらいたいばかりに、自分の心に背きながら非行に同調し続け、私に反抗し続けた児童であった。家も問題なく、本人もそういう雰囲気から最も遠いところにいた。山谷とは違う感じで、成人後に興味を持っていた。その平田が、「先生……、ですか」と、本来の姿に返って話しかけてきたのである。

その後、店先で男子と肩を組んで記念撮影をした。山谷とも肩を組んだことを覚えている。これで、山谷次郎、その子分の本山一男、原川留男、不良の兄貴のいた佐藤登、山谷の相棒鈴本太一らから出来上がった、いじめと非行と、教師に反抗する集団と人物は、いつの間にか解消したのである。

山谷を除いて最も重要と思われる本山一男と原川留男が欠席したので、その後のことは分からない。事の発端の山谷と出席している他の男子らは、教師に対し、周りの友人に対しての歪んだ劣悪な人間関係は消滅していたのである。

私が「半解決」といっているのは、今は、問題は完全に解消したが、教育の問題として、あのような事態が起こらない根本対策が、見出せないでいるからだ。

記念撮影も終わって、男子たちの騒ぎもひと段落した時、藤田広子が「先生、帰りますか」と近寄ってきた。少し離れた駐車場に行くと、来た時とは別のワゴン車で野村亜衣が待機していて三人で店を出た。

暗い車中で、誰かが「みんな変わりましたか?」と聞かれ、「山谷君が変わったのは、目立ったなあ」と答えたのを覚えている。三〇分ほどして玄関前で「ありがとう」と言って別れたのは、一〇時を過ぎていた。

かくして、あの陰惨で陰鬱であった体験は、こうして解消したのである。しかし、問題は欠席した本山一男、原川留男のような、中心に付随していたこの二人が分からないことと、あの手の事件を根本的に抑える対策法が、いまだはっきり見えて解決されていないことである。

ただ、中学卒業時はほとんど根本的には解決されずにきていたと考えられるが、あれだけ酷い状態であったものが、中学では、T小学校の教頭から、「先生の組だった子が中学で活躍しています（中学の「荒れ」の原因になっている、の意）」という言葉を受けた。だが、けが人が出たり、自殺者が出たり、学校運営が機能しないほどの出来事は聞かず、全員無事に中学を卒業している。

それはG校長を中心にした学校体制での取り組み、本山一男の父親を中心とした父母の取り組み、微力であったが担任としての私の取り組みが、中学へ行って中学の態勢の中で、いっそう酷くなるのを抑止する力を出したと、考えてよいかもしれない。

九　教職員組合と教育界

――昭和三五（一九六〇）年〜平成一四（二〇〇二）年

孔子の『論語』の中に、人々や社会のより良い状態を表わす言葉に「恥有りて且《か》つ格《ただ》し」というのがある。

私が昭和四四（一九六九）年より平成八（一九九六）年まで二八年間勤めた、浜松市、磐田市、磐田郡の小学校の教育社会は、他の都府県などのそれに比べ（教師の社会が）、この「恥有りて且つ格し」の状態に全体として近かったと思っている。

まず、大人の社会が少しでも善く、少しでも正しくならなければ小学生、中学生、高校生、大学生を含めた子供社会がより善くなることはありえない。

私が経てきた教員社会において私の言う「恥有りて且つ格し」とは、どういうことを指すか、それはどうすると生まれるかを、書いてみたい（「恥有りて且つ格し」とは、論語の為政第二の編に「子曰く、之を道《みちび》くに政《まつりごと》を以ってし、之を斉《ととの》ふるに刑を以ってすれば民免《まぬが》れて、恥なし。之を道くに徳を以ってし、之を斉ふるに礼を以ってすれば、恥有りて且つ格し」。政は法制禁令。斎ふるは、政に従わない者は刑罰を加えて一斉にととのえる。✲簡野道明『論語新解』）。

校門前でおじぎをして下校する生徒たち＝浜松市立中部中学校で

私はそのことを表わすのに、新聞の切り抜きを引用しようと思ったが、それがなかなか見つからず、やっきになって探したが、何かの折にふっと出てきた。

それは昭和五二年六月三日の朝日新聞地方版だったと思う（上掲の写真・参照）。その説明文に浜松市の中部中学校の生徒で、当中学校では、登下校時に全校生徒が校門を通る時、学校に向かって今日一日頑張ります、の決意と、無事に過ごした感謝の礼をすることになっていて、これが全校に大変よい雰囲気をもたらしている、というような記事が出ていた。

それによっての好影響の尺度はさておいて、平成一四年の現在、考えてみるとあり得ないことであるが、このような雰囲気があったのは、私が浜松市の教育界に入った昭和四四年前後の頃ではないかと思う。その推測の根拠は、昭和五六年、浜松市の芳川小学校に勤務した時、先輩の橋田教諭が勤務を終えて学校を出る際、校舎に向かって一礼していた。

このような雰囲気で教育界に席を置いた私は、いつも自分は金城湯池に入ったと思い、人にも常にそう言っていたのは、私のようながむしゃらな努力をする者が、この浜松市では、人の妬みを受けなかったということだと思う。

私以外にも一生懸命やる（教材研究や運動部の活動に勤務時間など気にせず、力を入れている教員は浜松では、どの学校にも多くいた）教員が多いため、自然に無意識にされている感じであった。このような環境や、教員仲間の善意の中で、教員生活を過ごせたのは幸せだったと思い出される。

私がもし三十二歳で昭和四四年以後も、転勤もなく三島市にいたら、どこかの学校で管理職に引き上げられて先生方と対抗せざるを得ない道を歩いていたに違いない。三島南小学校で昭和三九年までの五年間、同僚であった小山田教諭は、教組の役員もやり、組合の活動にあれだけ協力と理解のあった人が、その人でさえ校長になって赴任した時、先生方の意地悪と抵抗を受けて、もう一度、校長をやるとしても、三島市では二度としないと言っていた。

さらに驚いたことは、三島南小学校で研究発表会をした時などに、小山田教諭がその下で片腕となって重要な役割も受け持った仲のよい上司であった堀之川教諭は、自分（小山田教諭）が校長になってからはあいさつもしなくなったという。これは当時を知っている者には、考えられないことであるが、三島市の教員社会は校長と、教師がいかにすっきりとしていないかを表わしている（あの小山田教諭でさえそうだったのだから、私が管理職になっていたら、総攻撃を受けたはずだ）。

まず浜松の何が「格《ただ》しい」かを挙げよう。

このことは浜松市の教職員に、三島市のことも話しても、逆に、また三島市の教職員に、浜松市の実情を話しても、充分に理解してもらえないと思うので、私の乏しい体験ではあるが、具体的事実を表わしてみようと考えた。

当時、東京や大阪の小学校の教員が、浜松市の小学校の全国研究会に参加して、全国で浜松の研究が一番充実していると言っていたが、私も教員の熱心さを知っているので当然だと思っていた。

県や市の指定ではなく自主研究発表会で、それも全国発表を毎年続けていたのが、浜松市立芳川小学校で、隔年で続けていたのが、浜松市立相生小学校であった。

芳川小は毎年発表というところに無理があったのか、浜松市では珍しく職員の内部的な意見対立があり、私がいた昭和五四年度は、さんざん対立があった後、毎年全国発表を続けて行なうか否かの決定を校長に一任するということになった。校長は「みなさんの多数決に任せます。たとえ続けてきた発表を今年止めるとなっても、私の意向で変えることはない」と言い、結果、「行なう」の賛成者が多く次年度も行なうと決定したのである。

芳川小は、発表の教材を音楽と算数にしていたが、この算数のグループの職員たちは発表反対者が多く、音楽グループの職員たちは、毎年続けたいという意向を思っていた。

芳川小の研究発表会は、昭和四八年度、文部省の指定を受けて以来で、五五年度までの発表では、参加者は浜松市内より、県外からが多く、三重、福井、石川、東京、神奈川、千葉、岩手、九州各県など、毎年六〇〇～七〇〇人に上ると、研修主任は言っていた。ふだんの月でも、毎月全国から一〇～五〇人の参観者があった。

相生小は昭和五〇年度に研究発表を行なって以来、隔年の全国発表で教材は体育であったが、こちらは問題なく全員一丸となって、発表のない年は学校の体制作りに、発表の年はそれに向けて取り組んでいた。

昭和六三年度の発表の時、大阪から来た参加者が、足並みを揃え、肩の高さまで腕を振り上げる全校の行進を見て、「大阪では、もう、こういう相生小のような行進はできません」と話した。

このことで三島市での思い出を書いてみる。

昭和三七年、二五歳で教員なって三年目であった。三島市立南小学校の職員会議の時、職員は各学年三クラス、全体で二三名（うち男子一一名）であったが、市教委の指定を受けたようで、伊場校長は、研究会の受け入れを校長指示事項の中でちょっと言っただけで、勤続一五年目の堀之川教諭がその場で、するどい質問をした。「あいまいに受け入れさせないぞ！」という意図であった思う。

それからしばらくして、研究会受け入れについての会議がもたれた。あまり論議はなかったが、みんなの受け入れない、という冷ややかな空気の中で、伊場校長は直立姿勢で涙ながらに「お願いします」と頼み込んだが、それでも白々とした雰囲気が漂っていた。

赴任二年目の新米で、周囲の状況にも疎かった私が、「誰か反対する人がいるんですか？」と声を出した。誰も発言をしなかったが、それで研究会受け入れが決定し、会議が終わった。

後日、堀之川教諭から、「新藤のようなやつがいるから……」と言われた。

これと同じ状況が昭和四七年度、浜松市立河輪小学校にいる時に起こった。これは四月一九日の職員研修の時間だった。

河輪小で初めて校長になって三年目の鈴木校長は、朝の職員打ち合わせの時間に、市教委の研究発表の指定を受けたことを話した。その時は、すでに教務主任から受け入れの話は伝わっていて、みんなの意識は、どうまとめ上げるかということへ進んでいた。それなのに校長は、まずみんなの意見を求めて、受け入れを決めたいという姿勢を示した。それには違和感を覚えたくらいであった。

河輪小の指定は「体力づくり」で、昭和四七年一〇月二七日に中間発表、四八年一〇月一九日に「体力づくり発表会」が行なわれた。

三島市立南小の場合、その年に受けて、その年に発表会があった。私の手元に「授業分析のこころみ」（一九六三年二・二二　三島市立教育委員会・三島市立南小学校）という冊子が残っている。そして伊場校長は、この一年で転任している。

三島市と浜松市から少し外れるが、私は平成元年一月二七、二八日、浜松市立相生小学校五年生の担任の時であったが、京都市立第三錦林小学校で行なわれた、第三四回全国国語教育研究大会に出張した。主催が京都市国語研究会と錦林小、後援が京都市教育委員会、京都市小学校長会となっていた。

授業内容や研究発表はそこそこであったが、錦林小の各教室の後ろの壁に張ってある児童たちの絵に「赤ペン」が入ってなく、ただ貼っただけという処理の仕方であった。

浜松市では、研究発表でこのようなことはあり得ないことで、ふだんでも赤ペンの入っていないものを掲示することは憚《はばか》られた。実際、赤ペンの入っていない絵を貼っているのを、浜松ではかつて見たことがない。

そして京都では、赤ペンを入れる時間がないという言葉が、この日の研究協議の中で授業者から公然と出た。浜松なら教員が家に持ち帰ってでも、当然やっているし、まして研究発表会では、このような発言は出てこない。

子供たちにとってどちらがためになるか、はっきりさせることが眼目であるが、まず歴然と教師の姿勢の違いを明確にすることに力点を置いて述べてみたい。

最初に浜松市立相生小学校の一〇〇分間運動のことを取り上げる。

ここに掲載したのは、相生小に赴任する前の平成元年度の学校経営書、教育実践計画の中の日課表である。

どの学校のものも勤務時間（休憩時間も含め）八時間四五分のうちで、割り振ってあるので、同じもののようであるが、相生小の特異なのは、火曜から金曜までの第五校時以後に第六校時の形で四〇分の部活が組み込まれているのである。これには四年生以上の全員参加で、全校職員が当たった。

したがって相生小の職員、児童は一週間の授業時間は他校より四時間多いことになる。しかし、同じく経営書に載せてある教育実践計画の学年別年間授業時数は、文部省で決めたものが載せてある。

これは相生小が教育課題としている「生活化をめざす体育、一〇〇分間運動の実践」に学校全体で取り組んでいる結果、授業の体育では業間運動などを入れても、「平均毎日一〇〇分は運動させて家に帰す」が、時間が足りないので、五校時の後、毎日、四年生以上の児童全体が六校時の体育をして帰るように決めたものである。これは昭和四八年に始めているので、この時で一七年も続いているのである。

時刻＼曜日	月	火	水	木	金	土
8：05	朝会	朝の活動(15)				打合せ(10)
8：20	健康観察	朝の会，健康観察（10）			(10)	
8：30	1		校		時	(45)
9：15						(10)
9：25	2		校		時	(45)
10：10	業間	運動	業間	遊び	(20)	児童集会，係活動(20)
10：30						(5)
10：35	3		校		時	(45)
11：20					(10)	
11：30	4		校		時(45)	$\frac{1}{2}$学指 下校指導 12：05
12：15	給		食		(45)	
				(5分)	予定	
13：00	自	由	遊	び	(30)	
13：30	清		掃		(20)	
13：50					(5)	
13：55	5		校		時(45)	
14：40	帰	り	の	会	(10)	
14：50	移動(10)	移動	移動(10)	移動(10)	(5)	
15：00					委員会 (30)	
15：20 15：30 15：40 15：45	6校時 （クラブ）	部活 (40)	部活 (40)	部活 (40)	(5) 部活 (40)	
16：10	企画委員会 研修推進委		研修 職員会議 （4週）	学年研修 指導部会 （3週）	個人研修 職員運動 (月1回)	
16：50						

教務主任は、このことは教育委員会に届けてあると言っていた。つまり公認されたと主張しているのである。

しかし、この経営書の中にこのことに関して、もう一つ矛盾が見つかる。それは学校経営方針の中の②「服務要領」に勤務時間と休憩時間が書いてあるが、一三・〇〇〜一三・二五の二五分間と、一五・四五〜一六・〇五の二〇分間の、法に決まっている四五分の休憩時間が取れることになっている。

だが、職員会議や全体研修、指導部会の会合などがあり、休憩時間は取れなかったが、誰からも文句が出ず、新人もベテラン教師もその方針にひたすら励んでいた。このような勤務態度は、県東部ではありえないことであったと思う。

この関連で三島市の思い出を記す。

まだ、車通勤のほとんどなかった頃の話である。坂小学校前の国道に歩道橋を架設する工事が始まるので、職員が一時、一つ手前のバス停から通勤しなければならなくなったことで、三島市の鳥島教育長が直々に職員の了解を求めに来校したことがあった。

会議室で坂小の全職員を前に、教育長は、しばらく先生方にはご迷惑をおかけするがご理解をいただきたいと、工事の説明をした時に、三島教組の分会長であった西岡教諭が、分会長の立場を意識してか何か文句をつけたのだった。

すると教育長は、「そのためにお願いに来ているのに、文句を言うとはどういうことか！」と怒り出し、西岡教諭は赤面して黙ったが、教育長の怒りはしばらく続いた。立ってしゃべっている教育長の横に座っていた修善寺教頭が、「そんなに怒らなくたっていいじゃん」と、笑いながらその場を収めようとしたが、「私は怒ってないよ。ただ……」と教頭の方にも、矛先が向いたことがあった。

こんなことは県西部の教育界では、ありえないことである。

三島市では大変希薄なあり方になってしまっているが、県西部では市教委要請相談、西部教育事務所計画相談、指導訪問、研修に関する指導のための定期的な訪問が多く、そのたびに全職員が指導案をつくり、一日がかりで迎えた。

一日の研修課程が終わり、指導主事などが帰る時には、自然と自主的に職員のほとんどが集まって、送り出すのが常であった。そこには勉強させてもらった、という感謝の気持ちからの行動であった。

浜松市の小、中学校は校長、教頭の管理職を除いて、昭和六〇年代、ほとんどの教職員は組合に入っていた。その数は二三〇〇人余であったが、そのうち四〇〇人ほどの人が、現浜松支部に批判的で、その人たちの代表から、「お出迎え、お見送り」と時に批判された。

昭和六〇年度の相生小には、その言った本人（鈴井教諭）がいたが、相生小のような極端な態勢を取る学校の中にいても、この鈴井教諭から、私と一緒にいた二年間に校内では一回も、反体制的な言動は見聞きしなかった。みんなの中に飲み込まれ、雰囲気に合わせていたようにも見えた。

もし、三島市なら、一、二人の反体制的な発言をする人が、それに同調者がたくさんいることをたのんで、勝手なこと言っても、その発言を否定することができなくなってしまう。

たとえば、三島南小でこんなことがあった。昭和三七年度の卒業式間際の頃であった。

卒業式は呼びかけ形式で、例年のように六年生担任と、国語主任の堀之川教諭とで、前年のものに手を加えて作り上げた。その流れに中で歌の部分に、校歌や『蛍の光』などと並んで堀之川教諭は、『しあわせの歌』を入れると言い出した。

伊場校長が職員会議で『しあわせの歌』は労働歌だから、卒業式のような儀式にはふさわしくないから止めたら、と言ったが無視され、卒業式には「しあわせは　おいらのねがい仕事はとっても苦しいが　流れる汗に未来をこめて……」と、他の歌に混じって『しあわせの歌』が歌われた。

このようなことも浜松市ならば、卒業式に『しあわせの歌』を採用するなどという発言は出てこない。こんな意見が出るのは、三島市の教職員組合が背景にあっての発案である。そして浜松市なら、校長が反対と言ったら、無視されたり提案者の意見が通ることなどありえない。

また、三島市では、その場の雰囲気で酷い言葉を発する教職員もいた。教育研究の未熟な仕組みや熱意が感じられない三島市も、教育研究総会だけは年度初めの五月中頃にあった。

昭和三九年度であったろうか。三島市立西小で市内の小中の教職員を集めた教研総会があった。一般席から三教組役員の質問が出た。教組が実権を持って仕切っている夏季研修の予算が減額されたことについて不満があったように思う。教研役員の代表（校長）が壇上から質問についての説明中に、一般席の組合執行部の山田教諭が突然、「このやろう。……」と大声で怒鳴った。かまわず校長は説明を続け、壇上を降りたが、会場はざわめいていた。

翌朝、職員会議の折に校長から「先生として恥ずかしいような言葉は、総会の場で使ったりしないようにしてください」と話があった。

昭和三十七年頃の三島市と浜松市の対比をしてみたい。

浜松市でも三島市でも校長、教頭の管理職を除いて全教員は日教組の傘下にあり、さらに県教組の傘下の三島支部であり、浜松支部であったから、その闘争方針からの、一点突破の対校長交渉というような指示が下りてきていることがあった。

組合指示の対校長交渉で、三島南小の教職員組合代表の前野教諭、堀之川教諭、市橋教諭らが校長室に行き、要求を突きつけた時、まじめな伊場校長は、「あんたら、私を脅迫するのかね」と言ったという。

浜松でも分会長が校長に交渉するのを見かけたが、こういう雰囲気は私の知る限り県西部の学校にはまったくなかった。

また、浜松では考えられないが、こんなこともあった。

分会（各学校を教職員組合の組織の単位として○○小学校分会と呼んでいた）の役目で会合に出た際、他の分会の分会長が、自分の学校の校長とのいざこざを自慢めかして言っていた。その校長が、新卒時に大変お世話になった校長なので一層、印象深く残っている。

それは分会長の校内でのことである。どの学校でも指導要録（生徒各自について記す）や通知表は書き上げた後、担任印と校長印を一枚一枚に押印することになっている。

担任印を押した後、教務主任が預かっている校長印を借りてきて、一枚一枚ていねいに押していくが、押印欄が数箇所もあり、けっこう時間を要する（本来は校長が押印することが望ましいが、全校生徒に校長一人では労力も時間的にも不可能である）。

その分会長は、校長印であるから、校長自ら全員に押印しろと、嫌がらせを言ったわけである。昔気質で剛直な鈴木校長は「よし、おれが押す。その代わり勤務評定はゼロだ！」と言ったと、分会長は回りにさかんに言いふらしていた。

その違いはどうして起こるのか？　違う事実だけを挙げていく。

昭和四四年、浜松市の学校に転任してきて初めて気づいたのであるが、三島市の学校には教務主任というものがなかった。三島市の学校（私が三島市で勤務したのは、南小と坂小の二校だけ）では、教務主任の仕事はすべて教頭がやっていた。

当時の学校経営書を見ても、学校運営組織の教務の担当者のトップに名前が載っているのは、三島市では教頭で、浜松市、磐田市、竜洋町では教務の担当は教務主任であり、教頭は学校運営組織全体の上に立つ校長と同じに位置する。

そして職員一覧の担任、担当の欄では、三島市ではそれは学級担任以外の教務主任にあたる人はいないが、県西部のものは、その人を学級担任から外して、教務主任として四〇代の教諭を一名当てている。

私は残務を片付けてから帰ることが多く、いつも夜遅くなったが、県西部の教務主任の帰宅時間も私同様に遅くなることが多かった。

県西部では教頭と近い年代の人が自主的に教頭の仕事を進んでやっているうちに、教務主任という立場と仕事ができてしまったのではないかと思っている。三島市では教員が学級担任の仕事以外の管理的な仕事をする人がいないので、自然と教頭だけの仕事となり、浜松市は教諭が進んで管理的な仕事までやる人が出て、教務主任が教頭を校長のような立場にしてしまい、教務主任という役割ができたのだと思う。

教務主任になると多忙になり、校務を熱心にやるものと本人も自覚していたし、周りもそのように認識していた。

三島市の小学校には公式な運動の対校試合がなかった。ただ音楽だけは市内全校の参加する発表会はあった。浜松市は音楽ももちろんあるが、特に運動の対校試合が多かった。

平成元年度の相生小の経営書の学校行事を見てみると五月・部会（予選のようなもので、市内六四校の上位校が市の大会に出場する）、六月・ミニバスケット大会、七月・部会サッカー大会、一一月・市体操大会、市サッカー大会。これらは浜松市の小学校全校が参加するのであり、しかもこの年、市ミニバスケット大会と市陸上大会、市サッカー大会は、土曜の午後と日曜日を使って公式に行なわれた。

ふだんの練習は体育関係の職員や若手の先生が自主的に当たっていたが、試合の時は、六年生の担任全員が応援に出かけたし、校長、教頭、教務主任までも出かけていった。教員たちが放課後まで熱心に指導するので、時間制限を設けるまでになっていた。

浜松市を中心とした県西部の小学校職員の、研修ということに対する姿勢に触れてみたい。

教員には、教育公務員特例法で、「教育公務員は、その職責を遂行するために絶えず研究と修養に務めなければならない」と研修が義務付けられている。

三島市では、私は校内の社会科研究部に所属していたが、校外での教科ごとの研究部会はなかったので（上からの指示や校長の言うことさえ、聞かない三島市の教員であるから、自主的に機構や仕組みなど作りようがなかったし、育ちようがなかった）、九年間、一度も出たことがなかった。

しかし、浜松では昭和四六年度、河輪小の社会科主任であった年、私の出席した市の研究会は左記のようなものである（当時、私は三十四歳、中堅の教員であった）。

五月　一九日（水）　市研究総会
　　　二五日（火）　社会科運営委員会
六月　二四日（木）　社会化指導計画打ち合わせ
七月　　六日（火）　のびゆく浜松説明会、運営委員会
七月　一三日（火）　社会科運営委員会
九月　二一日（火）　社会科研修会
九月　二九日（水）　市教研共同研修
一〇月一五日（金）　豊西小研究会
一一月　八日（月）　社会科研修会
一二月　六日（月）　社会科共同研修
一月　一八日（火）　社会科研修会
一月　二七日（木）　社会科原稿提出

このうち、五月、九月、一二月の三回は、全市教職員の一斉の共同研修日として各学校の学校経営書の年間行事として入れてあった。浜松市の場合、年三回、五月、九月、一二月の

水曜日に決めていて、全教科に分かれて全員が、それぞれの部長のいる学校などへ集まって研修した。

私が初めて浜松市に赴任して、社会科の部会に参加して驚いたのは、部長も仕組みも決まっていない第一回、始まったばかりの部会なのに、主だった人が自然に司会を勤め、その場で組織や年間計画などをよどみなく策定していったことである。

これは毎年、校外研修の部会を進める形が出来上がっていて、教職員たちが慣れていることを表わしている。その結果、年度ごとの出来上がったものが、私の手元に残っている。

昭和四五年度　社会科学習、指導計画・現場学習の手引書　浜松市教育研究会、浜松市社会科研究部

昭和四六年度　（同）第二集

昭和四七年度　（同）第三集

昭和四八年度　社会科教材内容精選への試み　浜松市教育研究会、浜松市社会科研究部

昭和五〇年度　（第三集）「社会科学習指導計画」—子どもに手渡す場を求めて—　浜松市教育研究会、浜松市小学校社会科研究部（四八年度の「内容精選」を第一集とした）

それぞれB5版、八〇ページほどの冊子で、浜松市の小学校六四校の社会科主任が二〇名ほどで制作した。当時、浜松市内に六四の小学校があり、最低でも社会科主任は一名いたので六四名になっていた。

その三分の一ほどに（研修態勢が市内同時であると、範囲が広すぎるので三グループに分けてあった）社会科部長から校長宛に「貴校社会科主任職員の参加に格別のご配慮をお願いいた

します」という通知が届き、年八回ほどの出張命令となり、夏休み中、二日ほどの非公式の研修出張と、あと各自の自宅研修で出来上がった。

教務主任は県西部の学校では、校内で重きを置かれていたし、研修主任も重要視されていた。しかし、三島市では制度そのものがなかったように思う。

県西部の職員は「研修」に関しては、三島市に比べ特別の意識を持っていた。つまり、教員にとってとても大事なものと捉えていた。

私が三島市から浜松市に転任した頃に、こんなことがあった。

河輪小の日課表は、放課後、休憩時間をはさんで会議や行事が行なわれ、水曜日だけは引き続き研修や会議に移行するように作ってあった。

職員たちは時間をやり繰りして、間に合わせていたが、新任の私は、授業は授業、帰りの会は帰りの会として、きっちりこなしていたので、いつも水曜の研修会議には遅刻していた。

当時の私は、遅刻してもよい、という感覚だった。すると、ある日、同輩の白石教諭が私を呼びに来た。「新藤さん、研修だぞ！」と、研修のところに力を入れていった。

白石教諭は開けた考えの人であったが、職員の研修を重大に思っていることが分かった。それは「研修に来ないとはどういうことか、遅刻するとはどういうことか！」の響きがあった。三島市なら、こういう言い方は絶対に出ない。研修の態勢と意識がある浜松市の教員だから出るのであった。

昭和三七年頃のことであった。三島市では夏休み中に、市教組が主導して講師を呼んで、市教委の合宿（一泊二日）の研修をやっていた。夜になって広い部屋のあちこちに塊ごとに車座で酒になった。

　やや酒乱気味の大山学年主任が気炎を上げ始めた。それを今日の推進役の教組の役員を見咎め、「なんだ。今日のあれは……」と、日中の研修会をくさした。確かに誰が見ても、良い内容ではなかった。

　突然、推進の中心になっていた三教組執行部の江口教諭が、「なにっ」と立ち上がり、大山教諭に向かっていった。大山教諭はその剣幕に恐れをなして泣き声を出し、生活苦など訳の分からぬことを言い始めた。すると奥山教諭が大山教諭になだめるように「生活が苦しいなら、それを文書にして組合に出せばいいじゃん」と、泣き言の相手になっていた。

　翌早朝、酒も醒《さ》めて恥ずかしかったのであろう、大山教諭はそそくさと帰ってしまっていた。

　私は冒頭に論語の「恥有りて且つ格し」を挙げたが、三島市の姿は、結局、個人の恣意とか、わがままに落ちやすく、人間の持つ自尊心、向上心とか劣等感、励みの心が自分たちを支え、向上させるように働いていないのでないかと思う。基本には校長を組合の敵の手先(文部省)と見なし、そのために学校社会の仕組みがしっかり育てられ、高められていかないところに起因していると思う。三島市の場合、個人も集団も、恣意と感情に落ち込み、流されているのであろうか。

　東京、大阪、福岡など教育の問題がメディアに流れたが、三島市の姿と同質のものを感じていた。人間の持つ自然の向上心を、権利を主張するようでありながら、実は阻害しているのではないかと思う。

私は教員同士で授業を見合うのを嫌うと前述した。三島市の場合、昭和三六年度の頃、静岡大学の教授が、南小にしばしば来て、ＰＴＡ対象の講演会を行なっていた。その教授が「授業を見せてもらえないのです」とこぼした。

大学教授が小学校の授業を論ずるのに、授業の実際を知らないで……と、思っていたので、この言葉は強く頭に残っている。確かに実際を知らない者が論ずれば、表層しか語れないであろう。当時の三島市の教員の姿は、（授業の）実ということにはまったく自信がなかったと思う。だから、人に見せる研究授業をめったにやらなかった。

それでも、時に研究授業で教員同士が見せ合う授業もあったが、その後、感想会では、けなし合う場面が多かった。

三島市坂小で国語の研究授業での感想会で、西田教諭と石川教諭がさんざん言い合った後、西田教諭が「また、やろう（話し合いを）」と言った。これは自身の発言が自己主張であったことを意識していたのである。

浜松市ではこのような言い方になることはなかった。感情や自己主張のような発言にはならないのである。三島市では人の授業に触れ、発言の機会も少ないし、たまにうまくいくと、得意になり、自信過剰に陥るのである。

三島市のリーダーもそうなってしまう例を挙げる。

昭和三七年度、三島市南小の研修は、指定受け入れの反対の急先鋒であった堀之川教諭が中心となっている国語が勢力を持つようになっていた。

研究受け入れ一年目の伊場校長は三八年二月の中間発表を終えて転任し、山本校長が二年間受け継ぎ、後任の渡井校長の時まで、当初の国語、社会、図工、音楽の四教科の研究態勢が続いた。その間に国語は、西郷武彦氏や国分一太郎氏などの著名人を呼んで研究を行ない、研究の中心は「国語」のような雰囲気になっていた。

昭和四〇年度末の三月、送別会の時のことである。堀之川教諭は来年度で南小勤務八年目になり、一校での勤続年数が大きく上回る。そこで本人の意に反して、転任という決定がなされた。堀之川教諭は国語の仲間に「俺がどれだけ悔しいか」と、不満を撒《ま》き散らしたが、夜の送別会では大きな声で、「俺は、今日は荒れるぞ」と言い出し、校長は開会だけに参加して、さっさと帰宅してしまったことがある。

浜松市では、校内研究に関して、このような私情や不満が表面に出ることはなかった。三島市では、教職員組合のリーダーで組合の執行部であった人の言動を記し、より良い教育を考える材料にしたい。

私は最初の六年を県東部に在職し、その後の三年を三島市坂小で過ごしたが、その間、何度も今度こそはスト突入という場面に出会った。

そのたびに最終局面になって、県西部、浜松市で突入できないので、全県歩調が揃わず中止となった。私はそのたびに、三島市はこんな状態（突入する態勢）なのに、浜松の方はどういうことだろうと不思議に思っていた。後日、浜松に来て理解できたが……。

昭和四三年度は「教育三法案反対闘争」で、三島市教組が、今度こそはストライキに突入すると盛り上がり、全員集会が開かれている時であった。

三教組支部長の奥山氏が壇上で演説した後、一般席から質問があった。それは執行部として組合活動に熱心だった江口氏や、渡井氏であった。

質問の主旨は、今回は他の支部で脱落するところがあっても、ここに到って三島はストを決行することに決めたが、もし崩れるようなことがあれば、それは奥山支部長が崩すことである。支部長さえ変更がなければ、支部全体はストを取り下げることはありえないが、支部長はどうか、というものであった。

ここでの強い印象は、渡井氏が全組合員の場で、壇上にいる奥山氏に、そのことを、その場で言わせようとしたことである。

三島市の小、中学校の全職員（当時、校長、教頭を除いては教組に入っていない人はいなかった）をまとめるトップの人同士に、こんな疑いを持つ人がいたのに驚いたし、それを個人的な話し合いではなく、このような場で渡井氏が確認を取ろうとした、そのやり方に驚いたのである。

奥山氏は三島市でなければ当然、教頭、校長になり、教育事務所にも入るような人であったと思う。今までの三島の各支部長の中では、そういう方向に近い教育的にも一番力のある人であった。だから渡井氏が、もしかしたら支部長の段階で、処分の出るスト投入に躊躇する態度が出るのではないか、と危惧する心を持ったのであろう。三島の教組を立て、支えてきたような人が、こんな疑いの心を持っていることに驚いたのである。

奥山氏はこの時、壇上から確信のある態度で、「そんなことは絶対にない！（支部長個人の段階で、スト突入を否定すること）」と力強く言明した。

私が転任した後、ストを敢行したが、三島はその後、組合は分裂者を出したと聞いた。静岡市教組が二分裂したのも、この頃であった。

昭和四〇年度、私が三島市立南小学校四年生の担任の時、各担任が毎週「四年学年通信」を家庭向けに出していた。そこに中野重治の詩（「機関車」）を紹介したことがある。

彼は巨大な図体《ずうたい》を持ち
黒い千貫の重量を持つ
彼の身体の各部は悉《ことごと》く測定されてあり
彼の導管と車輪と無数のねじとは隈《くま》なく磨かれている
彼の動くとき
メートルの針は敏感に廻転し
彼の走るとき
軌道と枕木と一せいに振動する
シャッ　シャッ　という音を立てて彼のピストンの腕が動きはじめるとき
それが車輪をかき立てかきまわして行くとき
町と村々とをまっしぐらに駆けぬけて行くのを見るとき
おれの心臓はとどろき
おれの両眼は泪《なみだ》ぐむ
真鍮《しんちゅう》の文字盤を掲げ
赤いランプを下げ

常に煙をくぐって千人の生活を運ぶもの
旗とシグナルとハンドルによって
輝く軌道の上を全き統制のうちに驀進するもの
その律義者の大男の後姿に
おれら今あつい手をあげる

この時、この後に私は、「社会科がつねにこの【機関車】をもっと明るみに出し、あきらかにせねばならぬことはたしかだと思いますが、おれの心臓はとどろき、おれの両眼は泪ぐむ――という心こそすばらしいではありませんか」と書いている。全国の日教組は社会党を支持政党としている。私の当時の印象では、社会党は社会の正義を主張する党と大雑把に受け取っていた。

しかし、私は三島市教組の上に立つ社会党の国会議員らは、三島市の教員社会においては、社会党の名の下に、事実は社会主義の律義者を産まないで、怠け者を産み、造り出していることを知っているだろうか？　と思うようになった。

前出した「機関車」の中野重治や、この時の社会党党首（佐々木、勝間田、成田、飛鳥田氏ら）諸氏が、三島市教育界の実際を知ったら、その理想や主張は末端組織ではまったく生かされていないことを知るはずだ、と私は思い続けていた。

浜松や県東部には縁のない教委と学校、校長と教師たちの対立や闘争が、メディアを通じて東京や広島、福岡などから伝えられると、三島市の教育現場と同じ状態を推測する。

このことが、その教える子供たちに影響しないはずはない。子供の集団は、先生の言うことを聞かないものである。というより聞けないものであるかもしれない。それがもし「教師なんか」「先生なんか」という心が兆したら、それは子供から子供へ伝播し、たとえ小学生でも、どうしようもないものになる

昭和四九年度の、河輪小の学校経営書によると、指導の分担は、特別活動と生活指導はあるが、浜松にはあったが生徒指導という分担はなかった。従来、小学校では「生徒」という名称は使わなかったが、五〇年度に入ると、生徒指導部、生徒指導主任という言葉が使われ出し、その役割が置かれるようになった。

昭和五四年一〇月二三日（火）、県教委、西部教育事務所主催の五四年度第二回生徒指導講習会が行なわれた。五月の第一回に続いて、所管の生徒指導主任が集まったが、翌二四日が中学のそれが同じ内容で続いて行なわれたようだった。

その頃、文具店にネコが学生服を着たデザインのものがあふれ、「なめんなよ」のコピーが付けられてあり、「なめネコ」と呼んでいた。まさに中央の中学生一般のムードを感じさせた。

その生徒指導講習会で、杉山指導主事が、

「……中学の先生たちは、みんな危機を感じています。先生たちは今、みんな命がけにならなければいけない（浜松の教育は崩壊してしまう）！」

と悲壮感を漂わせて、繰り返し言った。その時、渡された生徒指導講習会の資料には、「生徒指導とは、学校目標を達成するための重要な機能」と位置づけ、消極的、積極的手法

のノウハウと、自然に非行化の防止に至るプロセスとチャートが示されていた。

やはり、生徒の非行化に対応して、この時期に作られた役割と仕組みであった。ある講演会で講師が、

「『三尺下がって師の影を踏まず』は、今や『三尺下がって師に飛び蹴りを入れる』時代になった」

と言ったのである。

また、ある研修会では、「てめえ、おれのナップザックを蹴ったな」と、学年主任の男性教師に言いがかりをつける男子中三生の話も出た。

この時、この浜松にして、この姿が現われつつあったのである。浜松の小、中学校の教育と内容は、私が見てきた（二一年間）中で何も変わっていないが、子供たちの方だけがジワジワと変わっている。

昭和五四年の秋、休日を利用して家族で上京した。ところが不思議なことに東京周辺の雑踏の中を一日歩いたのに、中学生の姿を見なかった。それは制服を着ていないので気づかなかっただけであった。

長男、長女とも制服を着て、浜松駅を出る時は、同じような姿を見かけた。それが東京に入ると、中学生で制服を着用している生徒が一人もいない。これを奇異に感じたのを覚えている。それは東京に比べ、浜松が特殊な場所になっていたということか。

昭和五六年、長女の中三になった時の「校外生活規定」によると、「……学区内の外出は私服でもよいが、学区外への外出は制服、制帽とする」とある。

県西部教育事務所の昭和五四年度、第一回小学校生徒指導講習会の資料の中に、「昭和五四年一月　静岡県警察本部少年課のまとめによる、昭和五三年中の少年非行　福祉犯の概要抜粋による」があり、翌五五年度の生徒指導講習会で配布された資料には、次のように記されていた。

生徒指導の消極的な側面の問題

1　本県の少年非行

①一四歳未満の少年非行　昭和五三年に比べ八一・五％の伸率。小学生の非行　昭和五四年は五三年の二・一倍の増加。

②万引き、自転車盗など遊び型非行の増加、特に女子が増加。

③性非行の補導女子少年　六一・二％が中、高生。

④県警で補導した数が昭和五四年は五三年の二倍（潜在的非行は一〇倍か二〇倍）。

昭和五四年静岡県西部管内

小学生一〇〇人（女子一三）、三九校

中学生二四九人（女子二九）、四一校・内訳は窃盗が（万引き）が主で、小学生が八九人、中学生が二三五人

西部教育事務所管内の小学校数は一六校、中学校は七九校

2登校拒否

①昭和五四年度は五三年度の二倍

昭和五七年、浜松市立芳川小に赴任して二年目の夏、私は疑問について、東警察署に通って調べたことがあった。これは夏休み中に毎年、小中全職員参加で行なわれる浜松支部夏季教育研究集会に提出する提案事項としてまとめるためであった。概要は次の通り。

「今の教育の問題と職場の民主化という言葉について」　芳川小　新藤英晶

校内暴力の横行する東京のことであろうが、それについて朝日新聞の「論談」の一部にこんな言葉があった。

「……いま学校サイドにはきびしいムードがある。民主的に……という美名のもとに、教師の勝手な発言や行動が見受けられ、せっかくの卓見も、往々にして慣行の中に埋没し、新しい対策も空振りに終わることがままある。校長の指導で簡単に動く教師たちではないのである。教育界は長年の権利拡大闘争に汚染されすぎ、その中から成長してきた教師たちに父兄が期待するような使命感や教育愛、道徳的正義感など求めるには無理なようである……」

この論評が、そのままその通りと言えるかどうかは別にして、浜松の小中の教育界に当てはまるであろうか？　このような状態は当てはまらないと、浜松の教職員なら誰しも思うであろう。

しかし、同じ静岡県でも東部、三島市などの小中の教職員を経験した者なら、この状態と同じであると思い当たるはずである。また、県東部と県西部の教員側の違いも、数字の上で現われているものもある。

これだけの浜松市と三島市の教師の違いは、必ず子供たちの姿勢にも影響しているはずだ。特に非行の面で反映しているに違いない、と思って確認したのである。

私は県警浜松東署の少年課から聞き取りをした。その中で東部、中部、西部の少年非行の数を抜き出し整理してみた。

●東、中、西部の県警の分け方は、東部が富士川以東、中部は大井川以東、西部は大井川以西となっていて、教育事務所の小学校、中学校の区分とは少し異なる。
●刑法犯は、刑法に触れる行為者という意味であるが、少年の場合、万引きなどの窃盗が主で九〇パーセント近くを占める
●その中の少年は一〇歳以上二〇歳未満を指す。女子も含めている。
●刑法犯少年の中でも、中学生が一番多く、ほぼ同数で高校生、次いで小学生となり、中高生の三〇パーセントほどを占める。その数年、小学生や女子の増加率が高い。
また、少年課の記録は、「刑法犯少年の検挙、補導は東部が高い」と題して、東部・中部・西部の三地区と所轄別の統計を出している（西部一に対して、中部一・三、東部一・六。昭和五四年度）。

県警少年課の記録は刑法犯少年以外の刑罰法令には触れていないが、家出、怠学、飲酒、喫煙、その他自己または他人の徳性を害する行為など、好ましくない不良行為のあった少年

「不良行為少年」の地域別比較表も掲げている（県警二八管内で一〇〇〇人以上補導したのは三島、沼津、富士、清水、静岡中央、静岡東、浜松中央の七警察署。昭和五四年）。

これによると、不良行為の一番は喫煙、次が深夜徘徊、この二つが特に多く、暴走行為、不健全娯楽、不良交友、飲酒と続く。

次に挙げるのは小、中学生の刑法犯状況である。これは五六年度に転任した芳川小の教務主任から生活指導主任をしていた私に渡されたものである。

この資料では、東部、中部、西部の小・中学生別の刑法犯の状況がまとめられてあり、そして、その順序で刑法犯の多さを物語っている（小学生は、西部が一に対して、中部が一・六、東部が二・三。中学生では、浜松一に対して、中部一・六、東部二・六。昭和五五年度）。これには比率は出ていないが、東部、中部、西部の居住人口から見当はつく。

刑法犯少年として扱われるのは、一〇歳以上の少年少女であるので、五、六年生のみに限られていると考えられる。

このように見ると、県西部の少年非行の発生率の低いことが分かる。

県東部は社会環境が悪いといわれるが、沼津や三島と浜松が、さほど社会環境が違うと思わない。しかし、教育環境は歴然と違う。

朝日新聞の地方版に、浜松市の中部中学校の校門での「おじぎ」の習慣（前述）について写真と記事で掲載されたことがある。これの善し悪しは別として、東部の三島市や沼津市では絶対にあり得ないことであり、それほど教師の世界が違い、教わる児童、生徒も教育環境も違うのである。

県東部と県西部で、ほぼ同年数在職した私は、教育環境の違い、すなわち教員の姿勢、あり方の違いこそ、非行実数の違いと主因を見ている。

（昭和三〇年代、四〇年代に起こったことであり、平成一〇年代に退職してからふり返ってまとめたものであり、現在、平成二七年では、諸事情も現場は相当変わっているかもしれない）

【著者紹介】
新藤英晶（しんどう・ひであき）
1937（昭和12）年、軍人であった父について、満州国ハルピン市で生まれる。以後、父の異動のたびに東京、再び満州国牡丹江市、鳥取、岐阜、三重、静岡県と転居した。終戦で今の静岡県磐田郡（旧竜洋町）袖浦村にあった陸軍明野飛行学校天竜分教場跡地に軍人仲間の開拓団の子として小学4年生以後育ち、中、高校時代を過ごした。静岡大学教育学部を卒業後、三島、浜松、磐田市の小学校教員として37年間勤めた。著書『教師と生徒のための日清・日露・太平洋戦争事典』（元就出版社）。

「叱り」「いじめ」「学級崩壊」で迷う教師と親へ

2016年1月15日　第1刷発行

著　者　新《しん》　藤《どう》　英《ひで》　晶《あき》
発行人　濵　　正　史
発行所　株式会社　元就《げんしゅう》出版社
〒171-0022 東京都豊島区南池袋4-20-9
サンロードビル2F-B
電話　03-3986-7736　FAX 03-3987-2580
振替　00120-3-31078
装　幀　純　谷　祥　一
印刷所　中央精版印刷株式会社
※乱丁本・落丁本はお取り換えいたします。

ISBN978-4-86106-244-5　C 0037

新藤英晶

教師と生徒のための日清・日露・太平洋戦争事典

教科書では学べない本当の戦争

出征、満州事変、特別攻撃隊、南京事件、天皇、A級戦犯、二・二六事件などのキーワードから、戦争はなぜ起こったのか、戦争の真実を知り、新しい道を考えるための手引書。

■1400円＋税